Weeve invit[es you to be] part of somet[hing]

Sign up for an account today and help us shape the future of language learning together.

WWW.WEEVE.IE

Upload books of your choice — **Dynamically adjust translation difficulty** — **Real-time pronunciations**

Welcome to Weeve

Here at Weeve, we believe that traditional language education, with its painful memorisation, repetition and tedious grammar classes, have failed students around the world in their pursuit of learning a new language. Over 50 years of education research supports us on this. Studies show that the best way of encouraging language acquisition is reading and listening to engaging and accessible content. With that vision in mind, we created Weeve. Our method allows you to learn up to 20 words per hour in your target language – we are confident you'll never want to learn languages in any other way. Thank you for supporting us on this journey.

How to Use Weeve

Weeved Words
The sentences in this novel have foreign words weaved into the English sentences. Introducing foreign words within the context of an English sentence allows our brain to form a contextual representation of that foreign word without needing to translate it. At the start of our books only a few words are translated, as you progress, getting lost in the world of fantasy, more and more translated words are added.

Read - Don't Translate
When you come across a foreign word weaved into a sentence resist the urge to translate the word back to English. Your brain will automatically do this at first, but with practice this skill can be mastered.

Context is Key
Read the foreign words as they are written and try to understand it in the context of the story. Translating disrupts the flow of the story, and it is these flow states where pleasure and language acquisition will occur. Don't worry about your speed of acquisition - trust the process.

Go with the Flow
Language acquisition is a subconscious process that happens when we read and listen to interesting things that we understand. All you have left to do is enjoy the story, try not to think too much about the words and you will acquire them faster.

Vocab Tables

You will find vocabulary tables at the end of chapters - consider these milestones, showing the weaved words you have read during that chapter. Quickly double check you understand them and continue learning! These vocab tables also offer the International Phonetic Alphabet (IPA) phonetic pronunciation of the word.

Weeve's Story

The idea for Weeve was born when Cian was having a bath and an apple hit him on the head. Four years ago, Cian spoke only English and decided to try and learn Portuguese. For two years he tried and failed to learn the language using the traditional methods available out there – flashcards, language learning apps, grammar lessons. Despite having over 5000 words memorised, Cian found his speech was still slow and his comprehension was poor.

Frustrated at his lack of progress, Cian began to research second language acquisition. The core message that research and academia has proven over the past 50 years is simple - *you only acquire language when you read and listen to content you understand.* The problem was that there is no option for beginners to get their hands on comprehensible input as they do not have the foundational knowledge required to jump into reading short stories and novels.

So, inspired by the evidence that bilingual students learn best in settings where languages are blended together, Cian began a six-month long journey of researching, trialling, and developing the first ever Weeve book (a Swedish version of *The Wheel of Time*). He pulled in Evan, who had had a terrible experience learning languages in school, and the two of them began developing the idea. As the first Weeve guinea pigs, the pair knew they were onto a winner when they were capable of learning their first 400 Swedish words with no effort, no memorisation and no pain.

The hunger for Weeve's products was evident from the launch of the first book, *Learn Spanish with Sherlock Holmes*, in July 2020. Since launch, Weeve have had an immensely exciting time. The collection has expanded to include eleven languages and has sold over 2500 copies. The Weeve team joined a Trinity student accelerator program, which connected them with Sinéad. Sinéad was a member of the judging panel at a start-up competition when she first came across the Weeve duo. It was love at first sight and just three days after the competition she was officially part of the gang.

The fourth member of our team, Oisin joined over the summer of 2021. A computer scientist determined to digitise the Weeve method so it can reach global scale. Currently working on an application that will allow for complete dynamic control over translations within your weeve.

The response to our Weeve books around the globe has been immense winning a number of awards like the LEO ICT Award and placing in Spark Crowdfundings top 100 most amibitious companies. With the founders appearing in the Sunday Independant's 30 Under 30.

Weeve wants to make languages ridiculously simple and accessible to everyone. We hope you enjoy it as much as we do, and stick around for our journey.

Meet the Team

Cian McNally
Cian is a Psychology graduate from Trinity College Dublin and a language learning enthusiast. In the past 4 years he has gone from speaking only English to being able to read many novels in Portuguese, Spanish and German, as well as short stories in Swedish and Italian. When he's not revolutionising the language learning industry, he is probably found playing chess or talking about how tall he is.

Evan McGloughlin
Evan is a Neuroscience graduate from Trinity College Dublin and has a passion for learning and education. He runs a youtube channel where he attempts to make practical neuroscience accessible and entertaining. He always despised how languages were taught in school always thinking it felt very unnatural. When Cian came to him with the idea for Weeve it instantly resonated with him as a more natural and effective approach.

Sinead McAleer
Sinead lives a double life – working in a bank by day and growing Weeve by night. After graduating from Computer Science & Business at Trinity College Dublin, Sinéad moved to London where she now leads our international office (aka a desk in the corner of her bedroom). She has a passion for start-ups, technology and vegan/vegetarian experimentation!

Oisín T. Morrin
Oisín loves all things at the intersection of language and technology. This brought him to study Computer Science, Linguistics and Irish at TCD as an All-Ireland Scholar. Japanese, Irish and Python are his love languages, and he also dabbles in Korean, German and Scot's Gaelic. Outside of Weeve, Oisín can invariably be found with a new book in one hand and a coffee in the other.

How to Have a Perfect Accent

You may have never seen the IPA before but it's the universal way to perfectly write pronunciations. The aim of the IPA is to provide a unique symbol for each distinctive sound in a language. You already know most of these symbols as they are letters in English. If you familiarise yourself with the other ~15 of these symbols you'll always be able to pronounce foreign words perfectly without having to learn more than 140 spelling rules.

German Pronunciation Guide

The very first step of learning how to pronounce words in a new language is to learn how to use its International Phonetic Alphabet. We are going to focus on some of the German sounds that are inexistant in the English pronunciation and that you will need to be able to spot in the IPA and to understand when looking for the pronunciation of a specific German word.

Here are the unusual **consonant** related sounds which you will have to remember:

- /ç/: you can find this sound in words like <ich> or <durch>. Think of it as an middle way between the /hju/ sound in the word <human> and the pronunciation of <sh>. v
- /x/ : it symbolizes sounds like the <**ch**> like <na**ch**> and it is pronounced like the <ch> in 'loch ness'.
- <j>: it is pronounced just like a <y> in English.
- <w>: it is pronounced just like a <v> in English. Conversely, <v> is pronounced like an <f> in most words, but not always! Here, you need to pay attention to what the IPA says; whether the <f> or the <v> sound applies.
- <s>: it is pronounced like the <z> in <zebra> and you will also find it as a /z/ in the German IPA.
- <ʁ>: this is what you call a "voiced uvular fricative" and is the <r> that is used in French as well. This <r> is pronounced in the back of your mouth, where you would pronounce the letter <k>. The difference is that the letter <k> is voiceless, so to pronounce the German <r>, try pronouncing a <k> and adding voice to it!

Most IPA **symbols**, which looked different from normal letters, are used in English words, too:
- /d͡ʒ/: <**Dsch**ungel>, <**j**ungle>
- /t͡ʃ/: <Ma**tsch**>, <ma**tch**>
- /ŋ/: <si**ng**en>, <si**ng**>
- /ʃ/: <**Sch**rift>, <**sh**all>
- /t͡s/: <**z**aubern>, <ha**ts**>
- /ʒ/: <**G**enie>, <trea**s**ure>

The German language has very unique vowel sounds and the most important ones are what are called the **umlauts**:
- /oe/ is a symbol that you will find used for words like <öffnen> (short vowel with a double consonant after it, the vowel being called an umlaut) and it sounds similar to the <i> in <bird> or the <u> in <burn>. The long version of this umlaut is symbolized /ø:/ and can be found in <Österreich> for example.

- <ä> might look complicated but is actually pronounced the same as a short <e> in German, which is symbolized /ɛ/ and is also used in the English IPA. You find it in words like <bet>. While an <ä> pronounced like an /ɛ/ is found in words where it precedes two consonant letters, it's longer version can be found in words like <spät> (symbolized ɛ:) and pronounced like the <ai> in <hair>.

- The symbol /y/ brings together both the umlaut <ü> and the vowel <y> and they are pronounced somewhat like the <u> in <cute>, or <ew> in <grew>.

Talking about the umlauts, we briefly mentioned short and long vowels. The difference between short and long lies in the time it will take you to pronounce the vowel and the sound you make while pronouncing it will slightly vary as well.

The easiest way to figure out whether the vowel will be long or short is the look at the letters following it: the vowel will be short when succeeded by two consonants and it will be long if there is just one consonant or a vowel after it. Just like any rule, there are exceptions to it and the following-consonant-trick does not always work, which is why the IPA will tell you whether the vowel is long or short. In the IPA, **long vowels** are typically symbolized by a semi-colon:

Letters	Phonetic symbol	English	German
a (short)	**a**	cut	Affe
a (long)	**a**:	father	Bahnhof
e (short)	**ɛ**	bet	retten
e (long)	**ɛ**:	hair	eben
i (short)	**ɪ**	sin	bitte
i (long)	**i**:	see	spazieren
o (short)	**ɔ**	got	offen
o (long)	**o**:	note	Boot
u (short)	**ʊ**	foot	rund
u (long)	**u**:	moon	Uhr

Here are a few more exceptions and final **unusual sounds** to remember:
- <**ai**> and <**ay**> are pronounced like the word <eye>, symbolized /aɪ/
- <**au**> is pronounced <ow>, symbolized /aʊ/
- <**äu**> and <**eu**> are pronounced <oy>, symbolized /ɔɪ/
- <**ie**> is pronounced like <ee>, symbolized /i:/

Book Publishing Details

Exclusive book publishing rights pertain to copyright ©Weeve 2022

Design, production, editing, and illustration credits:
Logo and Cover Design by Aaron Connolly

Cover and Interior Illustrations by Otherworld Creations, Leoramos
www.fiverr.com/Otherworlder
www.fiverr.com/Leoramos

Editing, production:
Weeve

Translation:
Aysenur Abadi (Weeve Translator)

Fonts:
Recoletta, Times New Roman, Tomarik

Publisher Address:
31 Millers Lane, Skerries, Co. Dublin, Ireland
Author Website:
https://weeve.ie/
Country in which the book was printed:
United States, United Kingdom

All rights reserved. No part of this publication may be reproduced, distributed, or transmitted in any form or by any means, including photocopying, recording, or other electronic or mechanical methods, without the prior written permission of the publisher, except in the case of brief quotations embodied in critical reviews and certain other noncommercial uses permitted by copyright law. For permission requests, contact info@weeve.ie

THE WONDERFUL WIZARD OF OZ

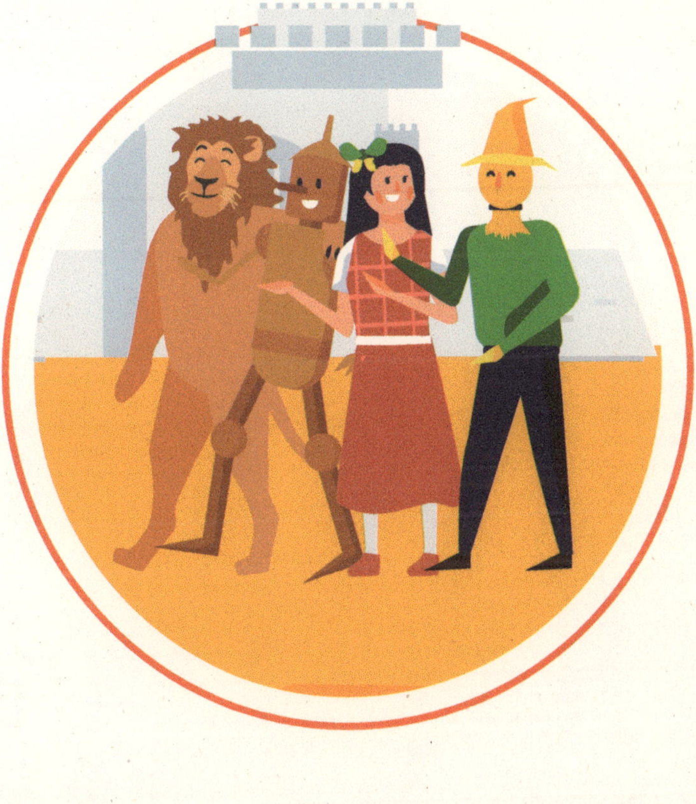

1

THE CYCLONE

Weeve Reading Tip: When you come across a foreign word weaved into a sentence resist the urge to translate the word back to English. Your brain will automatically do this at first, but with practice this skill can be mastered. Read the sentence as it is presented and try to understand it.

Dorothy lived in the midst of the great Kansas prairies, with Uncle Henry, who was a farmer, and Aunt Em, who was the farmer's wife. Their house was small, for the lumber to build it had to be carried by wagon many miles. There were four walls, a floor and a roof, which made one room; and this room contained a rusty looking cookstove, a cupboard for the dishes, a table, three or four chairs, and the beds. Uncle Henry and Aunt Em had a big bed in one corner, and Dorothy a little bed in another corner. There was no garret at all, and no cellar — except a small hole dug in the ground, called a **Zyklon** cellar, where the family could go in case one of those great whirlwinds arose, mighty enough to crush any building in its path. It was reached by a trap door in the middle of the floor, from which a ladder led down into the small, dark hole.

When Dorothy stood in the doorway and looked around, she could see nothing but the great gray prairie on every side. Not a tree nor a house broke the broad sweep of flat country that reached to the edge of the sky in all directions. The sun had baked the plowed land into a gray mass, with little cracks running through it. Even the grass was not green, for the sun had burned the tops of the long blades until they were the same gray color to be seen everywhere. Once the house had been painted,

1

but the sun blistered the paint and the rains washed it away, and now the house was as dull and gray as everything else.

When Aunt Em came there to live she was a young, pretty wife. The sun and wind had changed her, too. They had taken the sparkle from her eyes and left them a sober gray; they had taken the red from her cheeks and lips, and they were gray also. She was thin and gaunt, and never smiled now. When Dorothy, who was an orphan, first came to her, Aunt Em had been so startled by the child's laughter that she would scream and press her hand upon her heart whenever Dorothy's merry voice reached her ears; and she still looked at the little girl with wonder that she could find anything to laugh at.

Uncle Henry never laughed. He worked hard from morning till night and did not know what joy was. He was gray also, from his long beard to his rough boots, and he looked stern and solemn, and rarely spoke.

It was Toto that made Dorothy laugh, and saved her from growing as gray as her other surroundings. Toto was not gray; he was a little black dog, with long silky hair and small black eyes that twinkled merrily on either side of his funny, wee nose. Toto played all day long, and Dorothy played with him, and loved him dearly.

Today, however, they were not playing. Uncle Henry sat upon the doorstep and looked anxiously at the sky, which was even grayer than usual. Dorothy stood in the door with Toto in her arms, and looked at the sky too. Aunt Em was washing the dishes.

From the far north they heard a low wail of the wind, and Uncle Henry and Dorothy could see where the long grass bowed in waves before the coming storm. There now came a sharp whistling in the air from the south, and as they turned their eyes that way they saw ripples in the grass coming from that direction also.

Suddenly Uncle Henry stood up.

"There's a **Zyklon** coming, Em," he called to his wife. "I will go look after the stock." Then he ran toward the sheds where the cows and horses were kept.

Aunt Em dropped her work and came to the door. One glance told her of the danger close at hand.

"Quick, Dorothy!" she screamed. "Run for the cellar!"

Toto jumped out of Dorothy's arms and hid under the bed, and the girl started to get him. Aunt Em, badly frightened, threw open the trap door in the floor and climbed down the ladder into the small, dark hole. Dorothy caught Toto at last and started to follow her aunt. When she was halfway across the room there came a great shriek from the wind, and the house shook so hard that she lost her footing and sat down suddenly upon the floor.

Then a strange thing happened.

The house whirled around two or three times and rose slowly through the air. Dorothy felt as if she were going up in a balloon.

The north and south winds met where the house stood, and made it the exact center **des Zyklons**. **In der Mitte eines Zyklon** the air is generally still, but the great pressure of the wind on every side of the house raised it up higher and higher, until it was at the very top **des Zyklons**; and there it remained and was carried miles and miles away as easily as you could carry a feather.

It was very dark, and the wind howled horribly around her, but Dorothy found she was riding quite easily. After the first few whirls around, and one other time when the house tipped badly, she felt as if she were being rocked gently, like a baby in a cradle.

Toto did not like it. He ran about the room, now here, now there, barking loudly; but Dorothy sat quite still on the floor and waited to see what would happen.

Once Toto got too near the open trap door, and fell in; and at first the little girl thought she had lost him. But soon she saw one of his ears sticking up through the hole, for the strong pressure of the air was keeping him up so that he could not fall. She crept to the hole, caught Toto by the ear, and dragged him into the room again, afterward closing the trap door so that no more accidents could happen.

Hour after hour passed away, and slowly Dorothy got over her fright; but she felt quite lonely, and the wind shrieked so loudly all about her that she nearly became deaf. At first she had wondered if she would be dashed to pieces when the house fell again; but as the hours passed and nothing terrible happened, she stopped worrying and resolved to wait calmly and see what the future would bring. At last she crawled over the swaying floor to her bed, and lay down upon it; and Toto followed and lay down beside her.

In spite of the swaying of the house and the wailing of the wind, Dorothy soon closed her eyes and fell fast asleep.

weeve
Chapter 1

German	Pronunciation	English
Zyklon	tsyklo:n	cyclone
des Zyklons	de:s tsyklɔns	of the cyclone
In der Mitte	i:n dəʀ mɪtə	in the middle
eines Zyklon	aine:s tsyklo:n	of a cyclone

2

THE COUNCIL WITH THE MUNCHKINS

Weeve Reading Tip: If you struggle reading the weaved words try reading the full sentence and ignore the fact you didn't understand the foreign word. Your brain will subconsciously process this word, using context to better understand it for the next time it appears.

She was awakened by a shock, so sudden and severe that if Dorothy had not been lying on the soft bed she might have been hurt. As it was, the jar made her catch her breath and wonder what had happened; and Toto put his cold little nose into her face and whined dismally. Dorothy sat up and noticed that the house was not moving; nor was it dark, for the bright sunshine came in at the window, flooding the little room. She sprang from her bed and with Toto at her heels ran and opened the door.

The little girl gave a cry of amazement and looked about her, her eyes growing bigger and bigger at the wonderful sights she saw.

Der Zyklon had set the house down very gently — for a **Zyklon** — **in mitten** of a country of marvelous beauty. There were lovely patches of greensward all about, with stately trees bearing rich and luscious fruits. Banks of gorgeous flowers were on every hand, and birds with rare and brilliant plumage sang and fluttered **in** the trees and bushes. A little way off was a small brook, rushing and sparkling along between green banks, and murmuring **mit** a voice very grateful to a little girl who had lived so long on the dry, gray prairies.

While she stood looking eagerly at the strange and beautiful sights, she noticed coming toward her a group of the queerest people she had ever seen. They were not as big as the grown folk she had always been used to; but neither were they very small. **Tatsächlich**, they seemed about as tall as Dorothy, who was a well-grown child for her age, although they were, so far as looks go, many years older.

Three were men and one a woman, and all were oddly dressed. They wore round hats that rose to a small point a foot above their heads, with little bells around the brims that tinkled sweetly as they moved. The hats **der Männer** were blue; the little woman's hat was white, and she wore a white gown that hung **in** pleats from her shoulders. Over it were sprinkled little stars that glistened **in** the sun like diamonds. The men were dressed **in** blue, of the same shade as their hats, and wore well-polished boots with a deep roll of blue at the tops. The men, Dorothy thought, were about as old as Uncle Henry, for **zwei von ihnen** had beards. But the little woman was doubtless much older. Her face was covered with wrinkles, her hair was nearly white, and she walked rather stiffly.

Als these people drew near the house where Dorothy was standing **in der** doorway, they paused and whispered among themselves, as if afraid to come farther. But the little old woman walked up to Dorothy, made a low bow and said, **mit** a sweet voice:

"You are welcome, most noble Sorceress, to the land **der** Munchkins. We are so grateful to you for having killed the Wicked Witch **des** East, and for setting our people free from bondage."

Dorothy listened to this speech with wonder. What could the little woman possibly mean by calling her a sorceress, and saying she had killed the Wicked Witch **des** East? Dorothy was an innocent, harmless little girl, who had been carried by a **Zyklon** many miles from home; and she had never killed anything **in ihrem ganzen Leben**.

But the little woman evidently expected her to answer; so Dorothy said, with hesitation, "You are very kind, but there must be some mistake. I have not killed anything."

"Your house did, anyway," replied the little old woman, with a laugh, "and that is the same thing. See!" she continued, pointing to the corner **des Hauses**. "There are her two feet, still sticking out from under a block of wood."

Dorothy looked, and gave a little cry of fright. There, indeed, just under the corner **des** great beam the house rested on, two feet were sticking out, shod **in** silver shoes with pointed toes.

"Oh, dear! Oh, dear!" cried Dorothy, clasping her hands together in dismay. "The house must have fallen on her. Whatever shall we do?"

"There is nothing to be done," said the little woman calmly.

"But who was she?" asked Dorothy.

"She was the Wicked Witch **des** East, as I said," answered the little woman. "She has held all the Munchkins **in** bondage for many years, making them slave for her night and day. Now they are all set free, and are grateful to you for the favor."

"Who are the Munchkins?" inquired Dorothy.

"They are the people who live **in diesem Land des** East where the Wicked Witch ruled."

"Are you a Munchkin?" asked Dorothy.

"No, but I am their friend, although I live **im Land des** North. **Als** they saw the Witch **des** East was dead the Munchkins sent a swift messenger to me, and I came at once. I am the Witch **des** North."

"Oh, gracious!" cried Dorothy. "Are you a real witch?"

"Yes, indeed," answered the little woman. "But I am a good witch, and the people love me. I am not as powerful as the Wicked Witch was who ruled here, or I should have set the people free myself."

"But I thought all witches were wicked," said the girl, who was half frightened at facing a real witch. "Oh, no, that is a great mistake. There were only four witches **im ganzen Land von** Oz, and **zwei von ihnen**, those who live **im Norden** and the South, are good witches. I know this is true, for I am **eine von ihnen** myself, and can not be mistaken. Those who dwelt **im Osten** and the West were, indeed, wicked witches; but now that you have killed **eine von ihnen**, there is but one Wicked Witch **im ganzen Land von** Oz — the one who lives **im Westen**."

"But," said Dorothy, after a moment's thought, "Aunt Em has told me that the witches were all dead — years and years ago."

"Who is Aunt Em?" inquired the little old woman.

"She is my aunt who lives **in** Kansas, where I came from."

The Witch **des Nordens** seemed to think for a time, with her head bowed and her eyes upon the ground. Then she looked up and said, "I do not know where Kansas is, for I have never heard that country mentioned before. But tell me, is it a civilized country?"

"Oh, yes," replied Dorothy.

"Then that accounts for it. **In den** civilized countries I believe there are no witches left, nor wizards, nor sorceresses, nor magicians. But, you **siehst**, the Land **von** Oz has never been civilized, for we are cut off from all the **Rest der Welt**. Therefore we still have witches and wizards amongst us."

"Who are the wizards?" asked Dorothy.

"Oz himself is the Great Wizard," answered the Witch, sinking her voice to a whisper. "He is more powerful than all the rest **Rest von uns** together. He lives **in der** City **der** Emeralds."

Dorothy was going to ask another question, but just then the Munchkins, who had been standing silently by, gave a loud shout and pointed to the corner **des Hauses** where the Wicked Witch had been lying.

"What is it?" asked the little old woman, and looked, and began to laugh. The feet **der** dead Witch had disappeared entirely, and nothing was left but the silver shoes.

"She was so old," explained the Witch **des Nordens**, "that she dried up quickly **in der Sonne**. That is the end of her. But the silver shoes are yours, and you shall have them to wear." She reached down and picked up the shoes, and after shaking the dust **aus ihnen** handed them to Dorothy.

"The Witch **des Ostens** was proud **auf** those silver shoes," said **eine der** Munchkins, "and there is some charm connected with them; but what it is we never knew."

Dorothy carried the shoes into the house and placed them on the table. Then she came out again to the Munchkins and said:

"I am anxious to get back to my aunt and uncle, for I am sure they will worry about me. Can you help me find my way?"

The Munchkins and the Witch first looked at one another, and then at Dorothy, and then shook their heads.

"At the East, not far from here," said one, "there is **eine große** desert, and none could live to cross it."

"It is the same at the South," said another, "for I have been there and seen it. The South is **das Land der** Quadlings."

"I am told," said the third man, "that it is the same at the West. And that **Land**, where the Winkies live, is ruled by the Wicked Witch **des Westens**, who would make you her slave if you passed her way."

"The North is my home," said the old lady, "and at its edge is the same **große** desert that surrounds this Land **von** Oz. I am afraid, my dear, you will have to live with us."

Dorothy began to sob at this, for she felt lonely among all these strange people. Her tears seemed to grieve the kind-hearted Munchkins, for they immediately took out their handkerchiefs and began to weep also. As for the little old woman, she took off her cap and balanced the point on the end **ihrer** nose, while she counted "One, two, three" **mit** a solemn **Stimme**. At once the cap changed to a slate, on which was written **in** big, white chalk marks:

"LET DOROTHY GO TO THE CITY **DER** EMERALDS"

The little old woman took the slate from her nose, and having read the words on it, asked, "Is your name Dorothy, my dear?"

"Yes," answered the child, looking up and drying her tears.

"Then you must go to the City **der** Emeralds. Perhaps Oz will help you."

"Where is this city?" asked Dorothy.

"It is exactly **in der Mitte des Landes**, and is ruled by Oz, the Great Wizard I told you of."

"Is he a good man?" inquired the girl anxiously.

"He is a good Wizard. Whether he is a man or not I can not tell, for I have never seen him."

"How can I get there?" asked Dorothy.

"You must walk. It is a long journey, through **ein Land** that is sometimes pleasant and sometimes **dunkel** and terrible. However, I will use all the magic arts I know of to keep you from harm."

"Won't you go with me?" pleaded the girl, who had begun to look upon the little old woman as her only friend.

"No, I can not do that," she replied, "but I will give you my kiss, and no one will dare injure a person who has been kissed by the Witch **des Nordens**."

She came close to Dorothy and kissed her gently **auf** the forehead. Where her lips touched the girl they left a round, shining mark, as Dorothy found out soon after.

"The road to the City **der** Emeralds is paved with yellow brick," said the Witch, "so you can not miss it. **Wenn** you get to Oz do not be afraid of him, but tell your story and ask him to help you. Good-bye, my dear."

The three Munchkins bowed low to her and wished her a pleasant journey, after which they walked away through the trees. The Witch gave Dorothy a friendly little nod, whirled around **auf** her left heel three times, and straightway disappeared, much to the surprise **von** little Toto, who barked after her loudly **genug** when she had gone, because he had been afraid even to growl while she stood by.

But Dorothy, knowing her to be a witch, had expected her to disappear **auf** just that way, and was not surprised **im Geringsten**.

weeve
Chapter 2

German	Pronunciation	English
in mitten	iːn mɪtən	in the midst
in	iːn	in
mit	miːt	in
Tatsächlich	tatsæːxliːx	in fact
der Männer	dəʀ mæːnɐ	of the men
zwei von ihnen	t͡svai foːn iːnən	two of them
Als	als	when
in ihrem ganzen Leben	iːn iːʀeːm gant͡sən leːbən	in all her life
des Hauses	deːs hauseːs	of the house
in diesem Land	iːn diːseːm lant	in this land
im Land	iːm lant	in the land
von	foːn	of
im Norden	iːm nɔʀdən	in the north
eine von ihnen	aineː foːn iːnən	one of them
im Osten	iːm ɔstən	in the east
im Westen	iːm vɛstən	in the west
des Nordens	deːs nɔʀdəns	of the north
In den	iːn dən	in the

weeve
Chapter 2

German	Pronunciation	English
siehst	zɪst	see
Rest der Welt	rɛst dər vɛlt	rest of the world
Rest von uns	rɛst foːn ʊns	rest of us
der	dɐ	of
in der Sonne	iːn dər sɔnə	in the sun
aus ihnen	aus iːnən	out of them
des Ostens	deːs ɔstəns	of the east
auf	auf	of
eine große	ainə: kroːsə	a great
das Land	dɑːs lant	the country
Land	lant	country
des Westens	deːs vɛstəns	of the west
große	kroːsə	great
ihrer	iːrɐ	of her
Stimme	ʃtɪmə	voice
der	dɐ	of
des Landes	deːs landeːs	of the country
ein Land	ain lant	a country

weeve
Chapter 2

German	Pronunciation	English
dunkel	dʊŋkeːl	dark
auf	auf	on
Wenn	vənn	when
genug	gənuːk	enough
auf	auf	in
im Geringsten	iːm gəʀɪŋstən	in the least

3
HOW DOROTHY SAVED THE SCARECROW

> **Weeve Reading Tip:** Bolded words represent words that have been translated into the target language. Bolded and underlined words/phrases represent the first incidence of the translated word/phrase in the text. We have included the most important underlined words and phrases in vocabulary tables at the end of each chapter to keep you on track.

Als Dorothy was left alone she began to feel hungry. So she went to the cupboard and cut herself some bread, which she spread **mit** butter. She gave some to Toto, and taking a pail from the shelf she carried it **runter** to the little brook and filled it **mit** clear, sparkling water. Toto ran over to the trees and began to bark at the birds sitting there. Dorothy went to get him, and saw such delicious fruit hanging from the branches that she gathered some **davon**, finding it just what she wanted to help out her breakfast.

Then she went back **zum Haus**, and having helped herself and Toto to a good drink **von dem** cool, clear water, she set about making ready for the journey to the City **der** Emeralds.

Dorothy had only one other dress, but that happened to be clean and was hanging **an** a peg beside her bed. It was gingham, **mit** checks of white and blue; and although the blue was somewhat faded **mit** many washings, it was **dennoch** a pretty frock. The girl washed herself carefully, dressed herself in the clean gingham, and tied her pink sunbonnet **auf** her head. She took a little basket and filled it **mit** bread from the cupboard, laying a white cloth over the top. Then she looked **nieder** at her feet and noticed how old and worn her shoes were.

"They surely will never do for a long journey, Toto," she said. And Toto looked up into her face **mit** his little black eyes and wagged his tail to show he knew what she meant.

At that moment Dorothy saw lying **auf** the table the silver shoes that had belonged to the Witch **des Ostens**.

"I wonder if they will fit me," she said to Toto. "They would be just the thing to take a long walk in, for they could not wear out."

She took off her old leather shoes and tried on **die** silver ones, which fitted her as well as if they had been made for her.

Finally she picked up her basket.

"Come along, Toto," she said. "We will go to the Emerald City and ask the Great Oz how to get back to Kansas again."

She closed **die Tür**, locked it, and put the key carefully **in** the pocket **ihres** dress. And so, **mit** Toto trotting along soberly behind her, she started on her journey.

There were several roads nearby, but it did not take her long to find the one paved **mit** yellow bricks. Within a short time she was walking briskly toward the Emerald City, her silver shoes tinkling merrily **auf dem** hard, yellow road-bed. The sun shone bright and the birds sang sweetly, and Dorothy did not feel nearly so bad as you might think a little girl would who had been suddenly whisked away **aus ihrem** own **Land** and set down **inmitten eines** strange land.

She was surprised, as she walked along, to **sehen** how pretty **das Land** was about her. There were neat fences at the sides **der** road, painted a dainty blue color, and beyond them were fields **von** grain and vegetables **in** abundance. Evidently the Munchkins were good farmers and able to raise large crops. Once **in** a while she would pass **ein Haus**, and the people came out to look at her and bow low as she went by; for everyone knew she had been the means of destroying the Wicked Witch and setting them free from bondage. **Die Häuser der** Munchkins were odd-looking dwellings, for each was round, **mit einem** big dome for a roof. All were painted blue, for **in diesem Land des Ostens** blue was the favorite color.

Toward evening, **als** Dorothy was tired with her long walk and began to wonder where she should pass the night, she came **zu einem Haus** rather larger than the rest. **Auf dem** green lawn before it many men and women were dancing. Five little fiddlers played as loudly as possible, and the people were laughing and singing, while a big table near by was loaded **mit** delicious fruits and nuts, pies and cakes, and many other good things to eat.

The people greeted Dorothy kindly, and invited her to supper and to pass the night **mit ihnen**; for this was the home **von einem der** richest Munchkins **im Land**, and his friends were gathered **mit ihm** to celebrate their freedom from the bondage **der** Wicked Witch.

Dorothy ate a hearty supper and was waited upon by the rich Munchkin himself, whose name was Boq. Then she sat upon a settee and watched the people dance.

Als Boq saw her silver shoes he said, "You must be a **große** sorceress."

"Why?" asked the girl.

"Because you wear silver shoes and have killed the Wicked Witch. Besides, you have white **in** your frock, and only witches and sorceresses wear white."

"My dress is blue and white checked," said Dorothy, smoothing out the wrinkles **darin**.

"It is kind **von dir** to wear that," said Boq. "Blue is the color **der** Munchkins, and white is the witch color. So we know you are a friendly witch."

Dorothy did not know what to say to this, for all the people seemed to think her a witch, and she knew very well she was only an ordinary little girl who had come by the chance **eines Zyklons** into a strange land.

Als she had tired watching the dancing, Boq led her **ins Haus**, where he gave her a room **mit einem** pretty bed **darin**. The sheets were made **aus** blue cloth, and Dorothy slept soundly **darin bis** morning, **mit** Toto curled up **auf dem** blue rug beside her.

She ate a hearty breakfast, and watched a wee Munchkin baby, who played **mit** Toto and pulled his tail and crowed and laughed **auf eine Weise** that greatly amused Dorothy. Toto was a fine curiosity to all the people, for they had never seen a dog before.

"How far is it to the Emerald City?" the girl asked.

"I do not know," answered Boq gravely, "for I have never been there. It is better for people to keep away from Oz, unless they have business **mit ihm**. But it is a long way to the Emerald City, and it will take you many days. **Das Land** here is rich and pleasant, but you must pass through rough and dangerous places before you reach the end **deiner** journey."

This worried Dorothy a little, but she knew that only the Great Oz could help her get to Kansas again, so she bravely resolved not to turn back.

She bade her friends good-bye, and again started along the road

aus yellow brick. **Als** she had gone several miles she thought she would stop to rest, and so climbed to the top **des** fence beside the road and sat **nieder**. There was a **große** cornfield beyond the fence, and not far away she saw a Scarecrow, placed high **auf** a pole to keep the birds **von dem** ripe corn.

Dorothy leaned her chin upon her hand and gazed thoughtfully at the Scarecrow. Its head was a small sack stuffed **mit** straw, **mit** eyes, nose, and mouth painted **darauf** to represent a face. An old, pointed blue hat, that had belonged to some Munchkin, was perched **auf** his head, and the **Rest der Figur** was a blue suit of clothes, worn and faded, which had also been stuffed **mit** straw. **An** the feet were some old boots **mit** blue tops, such as every man wore **in diesem Land**, and the figure was raised above the stalks **von** corn by means of the pole stuck up its back.

While Dorothy was looking earnestly into the queer, painted face **der** Scarecrow, she **war** surprised to **sehen eine der** eyes slowly wink at her. She thought she must have been mistaken at first, for **keine der** scarecrows **in** Kansas ever wink; but presently the figure nodded its head to her **auf eine** friendly way. Then she climbed **nieder** from the fence and walked up to it, while Toto ran around the pole and barked.

"Good day," said the Scarecrow, **mit einer** rather husky **Stimme**.

"Did you speak?" asked the girl, **staunend**.

"Certainly," answered the Scarecrow. "How do you do?"

"I am pretty well, thank you," replied Dorothy politely. "How do you do?"

"I am not feeling well," said the Scarecrow, **mit** a smile, "for it is very tedious being perched up here night and day to scare away crows."

"Can't you get **runter**?" asked Dorothy.

"No, for this pole is stuck up my back. If you will please take away the pole I shall be greatly obliged to you."

Dorothy reached up both arms and lifted the figure off the pole, for, being stuffed **mit** straw, it **war** quite light.

"Thank you very much," said the Scarecrow, **als** he had been set **runter auf** the ground. "I feel like a new man."

Dorothy **war** puzzled at this, for it sounded queer to hear a stuffed man speak, and to **sehen** him bow and walk along beside her.

"Who are you?" asked the Scarecrow **als** he had stretched himself and yawned. "And where are you going?"

"My name is Dorothy," said the girl, "and I am going to the Emerald City, to ask the Great Oz to send me back to Kansas."

"Where is the Emerald City?" he inquired. "And who is Oz?"

"Why, don't you know?" she returned, **überrascht**.

"No, indeed. I don't know anything. **Du siehst**, I am stuffed, so I have no brains at all," he answered sadly.

"Oh," said Dorothy, "I am awfully sorry for you."

"Do you think," he asked, "if I go to the Emerald City **mit dir**, that Oz would give me some brains?"

"I can not tell," she returned, "but you may come **mit mir**, if you like. If Oz will not give you any brains you will be no worse off than you are now."

"That is true," said the Scarecrow. "**Du siehst**," he continued confidentially, "I don't mind my legs and arms and body being stuffed, because I can not get hurt. If anyone treads **auf** my toes or sticks a pin into me, it doesn't matter, for I can't feel it. But I do not want people to call me a fool, and if my head stays stuffed **mit** straw **statt mit** brains, as yours is, how am I ever to know anything?"

"I understand how you feel," said the little girl, who was truly sorry for him. "If you will come **mit mir** I will ask Oz to do all he can for you."

"Thank you," he answered gratefully.

They walked back to the road. Dorothy helped him over the fence, and they started along **den Weg aus** yellow brick for the Emerald City.

Toto did not like this addition to the party at first. He smelled around the stuffed man as if he suspected there might be a nest **von** rats **im** straw, and he often growled **auf eine** unfriendly way at the Scarecrow.

"Don't mind Toto," said Dorothy to her new friend. "He never bites."

"Oh, I am not afraid," replied the Scarecrow. "He can't hurt the straw. Do let me carry that basket for you. I shall not mind it, for I can't get tired. I will tell you a secret," he continued, as he walked along. "There is only one thing **auf der Welt** I am afraid of."

"What is that?" asked Dorothy; "the Munchkin farmer who made you?" "No," answered the Scarecrow; "it's a lighted match."

weeve
Chapter 3

German	Pronunciation	English
mit	miːt	with
runter	ʀʊntɐ	down
davon	dɑːfoːn	of it
zum Haus	t͡suːm haus	to the house
von dem	foːn deːm	of the
an	ɑːn	on
dennoch	dənnoːx	still
nieder	niːdɐ	down
die	diːə	the
die Tür	diː tyːʀ	the door
ihres	iːʀeːs	of her
inmitten	ɪnmɪtən	in the midst
sehen	zeːən	see
mit einem	miːt aineːm	with a
als	als	when
zu einem Haus	t͡suː aineːm haus	to a house
mit ihm	miːt iːm	with him
darin	dɑːʀiːn	in it

weeve

Chapter 3

German	Pronunciation	English
von dir	foːn diːʀ	of you
ins Haus	ɪns haus	into the house
aus	aus	of
bis	biːs	till
auf eine Weise	auf aineː vaisə	in a way
deiner	dainɐ	of your
darauf	dɑːʀauf	on it
An	ɑːn	on
war	vɑːʀ	was
keine der	kaineː dɐ	none of the
mit einer	miːt ainɐ	in a
staunend	ʃtaunənt	in wonder
überrascht	yːbəʀʀaʃt	in surprise
Du siehst	duː sɪst	you see
mit mir	miːt miːʀ	with me
statt	ʃtat	instead of
den Weg	dən veːk	the path

4

THE ROAD THROUGH THE FOREST

Weeve Reading Tip: Use vocab tables to check your knowledge and look at our pronunciation guides. Don't try to memorise the vocab tables - if you find you do not understand the vocab in the vocab tables, try re-reading the chapter and see if you can pick them up through context the second time round.

After **ein paar** hours the road began to be rough, and the walking grew so difficult that the Scarecrow often stumbled over the yellow bricks, which were here very uneven. Sometimes, indeed, they were broken or missing altogether, leaving holes that Toto jumped across and Dorothy walked around. As for the Scarecrow, having no brains, he walked straight ahead, and so stepped into the holes and fell at full length **auf die** hard bricks. It never hurt him, however, and Dorothy would pick him up and set him upon his feet again, while he joined her in laughing merrily at his own mishap.

The farms were not nearly so well cared for here as they were farther back. There were fewer houses and fewer fruit trees, and the farther they went the more dismal and lonesome **das Land** became.

At noon they sat **nieder** by the roadside, near a little brook, and Dorothy opened her basket and got out some bread. She offered a piece to the Scarecrow, but he refused.

"I am never hungry," he said, "and it is a lucky thing I am not, for my mouth is only painted, and if I should cut a hole **hinein** so I could eat, the straw I am stuffed with would come out, and that would spoil the shape **meines** head."

21

Dorothy saw at once that this **war** true, so she only nodded and went on eating her bread.

"Tell me something about yourself and **das Land** you came from," said the Scarecrow, **als** she had finished her dinner. So she told him all about Kansas, and how gray everything **war** there, and how **der Zyklon** had carried her to this queer Land **von** Oz.

The Scarecrow listened carefully, and said, "I can not understand why you should wish to leave this beautiful **Land** and go back to the dry, gray place you call Kansas."

"<u>**Das**</u> is because you have no brains" answered the girl. "No matter how dreary and gray our homes are, we people **aus** flesh and blood would rather live there than **in** any other **Land**, be it ever so beautiful. There is no place like home."

The Scarecrow sighed.

"<u>**Na sicher**</u> I can not understand it," he said. "If your heads were stuffed **mit** straw, like mine, you would probably all live **an den** beautiful places, and then Kansas would have no people at all. It is fortunate for Kansas <u>**dass**</u> you have brains."

"Won't you tell me a story, while we are resting?" asked the child.

The Scarecrow <u>**schaute**</u> at her reproachfully, and answered:

"My life has been so short **dass** I really know nothing whatever. I **war** only made day before yesterday. What happened **auf der Welt** before <u>**der**</u> time is all unknown to me. Luckily, **als** <u>**der Bauer**</u> made my head, <u>**eins der**</u> first things he did **war** to paint my ears, <u>**so dass**</u> I heard what was going on. There **war** another Munchkin **mit ihm**, and the first thing I heard was <u>**den Bauern**</u> saying, 'How do you like those ears?'

"'They aren't straight,'" answered the other.

"'Never mind,'" said **der Bauer**. "'They are ears just the same,'" which **war** true **genug**.

"'Now I will make the eyes,'" said **der Bauer**. So he painted my right eye, and as soon as it **war** finished I found myself looking at him and at everything around me <u>**mit viel**</u> curiosity, for this **war** my first glimpse **der Welt**.

"'<u>**Das ist**</u> a rather pretty eye,'" remarked the Munchkin who was watching **dem Bauern**. "'Blue paint is just the color for eyes.'

"'I think I will make the other a little bigger,'" said **der Bauer**. And **als** the second eye **war** done I could **sehen** much better than before. Then he made my nose and my mouth. But I did not speak, because <u>**zu der Zeit**</u> I didn't know what a mouth was for.

I **hatte** the fun of watching them make my body and my arms and legs; and **als** they fastened on my head, at last, I felt very proud, for I thought I **war** just as good a man as anyone.

"'This fellow will scare the crows fast **genug**,' said **der Bauer**. 'He looks just like a man.'

"'Why, he is a man,' said the other, and I quite agreed with him. **Der Bauer trug** me under his arm to the cornfield, and set me up **auf einen** tall stick, where you found me. He and his friend soon after walked away and left me alone.

"I did not like to be deserted this way. So I tried to walk after them. But my feet would not touch the ground, and I **war** forced to stay **an der** pole. It **war** a lonely life to lead, for I **hatte** nothing to think of, having been made such a little while before. Many crows and other birds flew into the cornfield, but as soon as they saw me they flew away again, thinking I **war** a Munchkin; and this pleased me and made me feel **dass** I **war** quite an important person. By and by an old crow flew near me, and after looking at me carefully he perched upon my shoulder and said:

"'I wonder if **der Bauer** thought to fool me **auf** this clumsy manner. Any crow of sense could **sehen dass** you are only stuffed **mit** straw.' Then he hopped **nieder** at my feet and ate all the corn he wanted. The other birds, seeing he **war** not harmed by me, came to eat the corn too, so **in einer** short time there **war** a **große** flock **von ihnen** about me.

"I felt sad at this, for it showed I **war nicht** such a good Scarecrow after all; but the old crow comforted me, saying, 'If you only **hättest** brains **in** your head you would be as good a man as any **von ihnen**, and a better man than some **von ihnen**. Brains are the only things worth having **auf dieser Welt**, no matter whether one is a crow or a man.'

"After the crows had gone I thought this over, and decided I would try hard to get some brains. By good luck you came along and pulled me off the stake, and from what you say I am sure the Great Oz will give me brains as soon as we get to the Emerald City."

"I hope so," said Dorothy earnestly, "since you seem anxious to have them."

"Oh, yes; I am anxious," returned the Scarecrow. "It is such an uncomfortable feeling to know one is a fool."

"Well," said the girl, "let us go." And she handed the basket to the Scarecrow.

There were no fences at all by the roadside now, and the land **war** rough and untilled. Toward evening they came to a **großen** forest, where the trees grew so big and close together **dass** their branches met over the road **von** yellow brick. It **war** almost **dunkel** under the trees, for the branches shut out the daylight; but the travelers did not stop, and went on into the forest.

"If this road goes **rein**, it must come out," said the Scarecrow, "and as the Emerald City is at the other **Ende der** road, we must go wherever it leads us."

"Anyone would know **das**," said Dorothy.

"Certainly; **deshalb** I know it," returned the Scarecrow. "If it required brains to figure it out, I never should have said it."

After an hour or so the light faded away, and they found themselves stumbling along **in** the darkness. Dorothy could not **sehen** at all, but Toto could, for some dogs **sehen** very well **im Dunkeln**; and the Scarecrow declared he could **sehen** as well as **am Tag**. So she took hold of his arm and managed to get along fairly well.

"If you **siehst** any **Haus**, or any place where we can pass **die Nacht**," she said, "you must tell me; for it is very uncomfortable walking **im Dunkeln**."

Soon after the Scarecrow stopped.

"I **sehe** a little cottage at the right **von** us," he said, "built **aus** logs and branches. Shall we go there?"

"Yes, indeed," answered the child. "I am all tired out."

So the Scarecrow led her through the trees until they reached the cottage, and Dorothy entered and found a bed **aus** dried leaves **in einer Ecke**. She lay **nieder** at once, and **mit** Toto beside her soon fell **in einen** sound sleep. The Scarecrow, who **war** never tired, **stand** up **in** another corner and waited patiently until morning came.

weeve

Chapter 4

German	Pronunciation	English
ein paar	ain pɑːʀ	a few
hinein	hiːnain	in it
meines	maineːs	of my
Das	dɑːs	that
Na sicher	nɑː siːxɐ	of course
dass	das	that
schaute	ʃautə	looked
der	dɐ	that
der Bauer	dəʀ bauɐ	the farmer
eins der	ains dɐ	one of the
so dass	zoː das	so that
den Bauern	dən bauəʀn	the farmer
mit viel	miːt fiːl	with a great deal of
Das ist	dɑːs ɪst	that's
zu der Zeit	t͡suː dəʀ t͡sait	at that time
hatte	hatə	had
trug	tʀuːk	carried
auf einen	auf ainən	on a

25

weeve

Chapter 4

German	Pronunciation	English
war nicht	vɑːʀ nɪxt	was not
hättest	hæːtɛst	had
auf dieser Welt	auf diːsər vɛlt	in this world
großen	kʀoːsən	great
rein	ʀain	in
Ende der	əndeː dɐ	end of the
das	dɑːs	that
deshalb	deːshalp	that is why
im Dunkeln	iːm dʊŋkɛln	in the dark
am Tag	ɑːm tɑːk	by day
Haus	haus	house
die Nacht	diː naxt	the night
sehe	zeːə	see
in einer Ecke	iːn ainər ɛkə	in one corner
stand	ʃtant	stood

26

5

THE RESCUE OF THE TIN WOODMAN

Weeve Reading Tip: Translating words will make it more difficult to enter a flow state. This is where the natural process of language learning is most powerful. In this state your brain has the strongest ability to learn a language

Als Dorothy awoke the sun was shining through the trees and Toto had long been out chasing birds around him and squirrels. She sat up and **sah** around her. There **war** the Scarecrow, **immer noch** standing patiently **in seiner** corner, waiting for her.

"We must go and search for water," she said **zu** him.

"Why do you want water?" he asked.

"To wash my face clean after the dust **der** road, and to drink, so the dry bread will not stick **in** my throat."

"It must be inconvenient to be made **aus** flesh," said the Scarecrow thoughtfully, "for you must sleep, and eat and drink. However, you have brains, and it is worth a lot of bother to be able to think properly."

They left the cottage and walked through the trees until they found a little spring of clear water, where Dorothy drank and bathed and ate her breakfast. She saw there **war nicht** much bread left **im** basket, and the girl **war** thankful the Scarecrow did not have to eat anything, for there **war** scarcely **genug** for herself and Toto for the day.

Als she had finished her meal, and **war** about to go back **zu** the road **aus** yellow brick, she **war** startled to hear a deep groan near by.

"What **war das**?" she asked timidly.

"I can not imagine," replied the Scarecrow; "but we can go and **nachsehen**."

Just then another groan reached their ears, and the sound seemed to come from behind them. They turned and walked through the forest **ein paar** steps, **als** Dorothy discovered something shining **in** a ray of sunshine **das** fell between the trees. She ran **zu** the place and then stopped short, **mit einem** little cry **der** surprise.

One **Eines der** big trees had been partly chopped through, and standing beside it, **mit** an uplifted axe **in** his hands, was a man made entirely **aus** tin. His head and arms and legs were jointed upon his body, but he **stand** perfectly motionless, as if he could not stir at all.

Dorothy **sah** at him **verblüfft**, and so did the Scarecrow, while Toto barked sharply and made a snap at the tin legs, which hurt his teeth.

"Did you groan?" asked Dorothy.

"Yes," answered the tin man, "I did. I've been groaning for more than a year, and no one has ever heard me before or come to help me."

"What can I do for you?" she inquired softly, for she **war** moved **durch die** sad **Stimme mit** which the man spoke.

"Get an oil-can and oil my joints," he answered. "They are rusted so badly **dass** I can not move them at all; if I am well oiled I shall soon be all right again. You will find an oil-can **auf einem** shelf **in meiner** cottage."

Dorothy at once ran back **zu** the cottage and found the oil-can, and then she returned and asked anxiously, "Where are your joints?"

"Oil my neck, first," replied the Tin Woodman. So she oiled it, and as it **war** quite badly rusted the Scarecrow took hold of the tin head and moved it gently **von Seite zu Seite** until it worked freely, and then the man could turn it himself.

"Now oil the joints **in** my arms," he said. And Dorothy oiled them and the Scarecrow bent them carefully until they were quite free from rust and as good as new.

The Tin Woodman gave a sigh **der** satisfaction and lowered his axe, which he leaned against the tree.

"This is a **große** comfort," he said. "I have been holding **die in** the air ever since I rusted, and I am glad to be able to put **runter** at last. Now, if you will oil the joints **meiner** legs, I shall be all right once more."

So they oiled his legs until he could move them freely; and he thanked them again and again for his release, for he seemed a very polite creature, and very grateful.

"I might have stood there always if you had not come along," he said; "so you have certainly saved my life. How did you happen to be here?"

"We are **auf** our way **zu der** Emerald City to **sehen** the Great Oz," she answered, "and we stopped at your cottage to pass **die Nacht**."

"Why do you wish to **sehen** Oz?" he asked.

"I want him to send me back **nach** Kansas, and the Scarecrow wants him to put **ein paar** brains into his head," she replied.

The Tin Woodman appeared to think deeply for a moment. Then he said:

"Do you suppose Oz could give me a heart?"

"Why, I guess so," Dorothy answered. "It would be as easy as to give the Scarecrow brains."

"True," the Tin Woodman returned. "So, if you will allow me to join your party, I will also go **zu der** Emerald City and ask Oz to help me."

"Come along," said the Scarecrow heartily, and Dorothy added **dass** she would be pleased to have his company. So the Tin Woodman shouldered his axe and they all passed through the forest until they came **zu** the road **die** was paved **mit** yellow brick.

The Tin Woodman had asked Dorothy to put the oil-can **in ihren** basket. "For," he said, "if I should get caught **im** rain, and rust again, I would need the oil-can badly."

It **war ein wenig** good luck to have their new comrade join the party, for soon after they had begun their journey again they came **an** a place where the trees and branches grew so thick over the road **dass** the travelers could not pass. But the Tin Woodman set to work **mit** his axe and chopped so well **dass** soon he cleared a passage for the entire party.

Dorothy was thinking so earnestly as they walked along **dass** she did not notice **als** the Scarecrow stumbled into a hole and rolled over **zu der Seite der** road. Indeed he **war** obliged to call to her up again.

"...t you walk around the hole?" asked the Tin Woodman.

"...ow **genug**," replied the Scarecrow cheerfully. "My ...ed **mit** straw, you know, and **deshalb** I am going to Oz to ask him for some brains."

"Oh, **ich verstehe**," said the Tin Woodman. "But, after all, brains are not the best things **auf der Welt**."

"Have you any?" inquired the Scarecrow.

"No, my head is quite empty," answered the Woodman. "But once I **hätte** brains, and a heart also; so, having tried them both, I should much rather have a heart."

"And why is **das**?" asked the Scarecrow.

"I will tell you my story, and then you will know."

So, while they were walking through the forest, the Tin Woodman told the following story:

"I **war** born the son **eines** woodman who chopped down trees **im** forest and sold the wood for a living. **Als** I grew up, I too became a woodchopper, and after my father died I took care of my old mother as long as she lived. Then I made up my mind **dass statt** living alone I would marry, **so dass** I might not become lonely.

"There **war eine der** Munchkin girls who **war** so beautiful **dass** I soon grew to love her **mit meinem ganzen Herzen**. She, **auf** her part, promised to marry me as soon as I could earn **genug** money to build a better **Haus** for her; so I set to work harder than ever. But the girl lived **mit** an old woman who did not want her to marry anyone, for she **war** so lazy she wished the girl to remain **mit ihr und** do the cooking **und** the housework. So the old woman went **zu der** Wicked Witch **des Ostens, und** promised her two sheep **und** a cow if she would prevent the marriage. Thereupon the Wicked Witch enchanted my axe, **und als** I was chopping away at my best one day, for I **war** anxious to get the new **Haus und** my **Ehefrau** as soon as possible, the axe slipped all at once **und** cut off my left leg.

"This at first seemed a **großes** misfortune, for I knew a one-legged man could not do very well as a wood-chopper. So I went **zu** a tinsmith **und hatte** him make me a new leg **aus** tin. The leg worked very well, once I **war** used to it. But my action angered the Wicked Witch **des Ostens**, for she had promised the old woman I should not marry the pretty Munchkin girl. **Als** I began chopping again, my axe slipped **und** cut off my right leg. Again I went **zum** tinsmith, **und** again he made me a leg **aus** tin. After this the enchanted axe cut off my arms, one after the other; but, nothing daunted, I **hatte** them replaced **mit** tin ones. The Wicked Witch then made the axe slip **und** cut off my head, **und** at first I thought **das war** the end **von mir**. But the tinsmith happened to come along, **und** he made me a new head **aus** tin.

"I thought I had beaten the Wicked Witch then, **und** I worked harder than ever; but I little knew how cruel my enemy could be. She thought **über eine** new way to kill my love for the beautiful Munchkin maiden, **und** made my axe slip again, **so dass** it cut right through my body, splitting me into two halves. Once more the tinsmith came **zu** my help **und** made me a body **aus** tin, fastening my tin arms **und** legs **und** head to it, by means **von** joints, **so dass** I could move around as well as ever. But, alas! I **hatte** now no heart, **dass** I lost all my love for the Munchkin girl, **und** did not care whether I married her or **nicht**. I suppose she is **noch** living **mit der** old woman, waiting for me to come after her.

"My body shone so brightly **in der Sonne dass** I felt very proud **darauf und** it did not matter now if my axe slipped, for it could not cut me. There **war** only one danger — **dass** my joints would rust; but I kept an oil-can **in** my cottage **und** took care to oil myself **wann immer** I needed it. However, there came a day **als** I forgot to do this, **und**, being caught **in** a rainstorm, before I thought **über** the danger my joints had rusted, **und** I **war** left to stand **in** the woods until you came to help me. It **war** a terrible thing to undergo, but during the year I **stand** there I **hatte** time to think **dass** the greatest loss I had known **war** the loss **meines Herzens**. While I **war verliebt** I **war** the happiest man **auf** earth; but no one can love who has **kein Herz**, **und** so I am resolved to ask Oz to give me one. If he does, I will go back **zu der** Munchkin maiden **und** marry her."

Both Dorothy **und** the Scarecrow had been greatly interested **in** the story **des** Tin Woodman, **und** now they knew why he **war** so anxious to get a new heart.

"All the same," said the Scarecrow, "I shall ask for brains **statt** a heart; for a fool would not know what to do **mit** a heart if he **hätte** one."

"I shall take the heart," returned the Tin Woodman; "for brains do not make one happy, **und** happiness is the best thing **auf der Welt**."

Dorothy did not say anything, for she **war** puzzled to know which **ihrer** two friends was right, **und** she decided if she could only get back **nach** Kansas **und** Aunt Em, it did not matter so much whether the Woodman **hatte** no brains **und** the Scarecrow no heart, or each got what he wanted.

What worried her most **war dass** the bread **war** nearly gone, **und** another meal for herself **und** Toto would empty the basket. To be sure, neither the Woodman nor the Scarecrow ever ate anything, but she **war** not made **aus** tin nor straw, **und** could not live unless she **war** fed.

weeve
Chapter 5

German	Pronunciation	English
sah	zɑː	looked
immer noch	ɪmər noːx	still
in seiner	iːn sainɐ	in his
zu	t͡suː	to
nachsehen	nakseːən	see
verblüfft	fəʀplyft	in amazement
durch die	dʊʀx diːə	by the
in meiner	iːn mainɐ	in my
von Seite	foːn saitə	from side
die	diːə	that
nach	nɑːx	to
in ihren	iːn iːʀən	in her
ein wenig	ain vəniːk	a bit of
an	ɑːn	to
ich verstehe	iːx fəʀsteːə	i see
hätte	hæːtə	had
mit meinem ganzen Herzen	mit͡ maineːm gant͡sən həʀt͡sən	with all my heart
mit ihr	miːt iːʀ	with her

33

weeve
Chapter 5

German	Pronunciation	English
und	ʊnt	and
Ehefrau	eːɛfʀau	wife
großes	kʀoːseːs	great
über eine	yːbəʀ ainə	of a
nicht	nıxt	not
noch	noːx	still
wann immer	van ımɐ	whenever
über	yːbɐ	of
meines Herzens	maineːs həʀtsəns	of my heart
verliebt	fəʀlıbt	in love
kein Herz	kain həʀts	not a heart

6
THE COWARDLY LION

Weeve Reading Tip: Trust the process - the less you worry about your speed of acquisition the quicker the passive language acquisition will occur. Get lost in the story and let the language learning take care of itself.

All this time Dorothy **und** her companions had been walking through the thick woods. The road **war immer noch** paved **mit** yellow brick, but these **waren** much covered **von** dried branches **und** dead leaves from the trees, **und** the walking **war überhaupt nicht** good.

There **waren** few birds **in** this part **des** forest, **denn** birds love the open **Land** where there is **viel** sunshine. But now **und** then there came a deep growl from some wild animal hidden among the trees. These sounds made the little girl's heart beat fast, **denn** she did not know what made them; but Toto knew, **und** he walked close to Dorothy's **Seite**, **und** did not even bark **im Gegenzug**.

"How long will it be," the child asked **von dem** Tin Woodman, "before we are **aus dem** forest?"

"I can not tell," was the answer, "**denn** I have never been **zu der** Emerald City. But my father went there once, **als** I **war** a boy, **und** he said it **war** a long journey through a dangerous **Land**, although nearer **zu** the city where Oz dwells **das Land** is beautiful. But I am not afraid so long as I have my oil-can, **und** nothing can hurt the Scarecrow, while you bear upon your forehead the mark of the Good Witch's kiss, **und das** will protect you from harm."

35

"But Toto!" said the girl anxiously. "What will protect him?"

"We must protect him ourselves if he is **in** danger," replied the Tin Woodman.

Just as he spoke there came from the forest a terrible roar, **und** the next moment a **großer** Lion bounded into the road. **mit** one blow **seiner** paw he sent the Scarecrow spinning over **und** over **an den Rand der** road, **und** then he struck at the Tin Woodman **mit** his sharp claws. But, **zu der** Lion's surprise, he could make no impression **auf** the tin, although the Woodman fell over **in** the road **und** lay **still**.

Little Toto, now **jetzt wo** he **hatte** an enemy to face, ran barking toward the Lion, **und** the **große** beast had opened his mouth to bite the dog, **als** Dorothy, fearing Toto would be killed, **und** heedless of danger, rushed forward **und** slapped the Lion upon his nose as hard as she could, while she cried out:

"Don't you dare to bite Toto! You ought to be ashamed of yourself, a big beast like you, to bite a poor little dog!"

"I didn't bite him," said the Lion, as he rubbed his nose **mit seiner** paw where Dorothy had hit it.

"No, but you tried to," she retorted. "You are nothing but a big coward."

"I know it," said the Lion, hanging his head **in** shame. "I've always known it. But how can I help it?"

"I don't know, I am sure. To think **über** your striking a stuffed man, like the poor Scarecrow!"

"Is he stuffed?" asked the Lion **verblüfft**, as he watched her pick up the Scarecrow **und** set him upon his feet, while she patted him into shape again.

"**Na sicher** he's stuffed," replied Dorothy, who **war immer noch** angry.

"**Deshalb** he went over so easily," remarked the Lion. "It astonished me to **sehen** him whirl around so. Is the other one stuffed also?"

"No," said Dorothy, "he's made **aus** tin." **und** she helped the Woodman up again.

"**Deshalb** he nearly blunted my claws," said the Lion. "**Als** they scratched against the tin it made a cold shiver run **runter** my back. What is **das** little animal you are so tender of?"

"He is my dog, Toto," answered Dorothy.

"Is he made **aus** tin, or stuffed?" asked the Lion.

"Neither. He's a — a — a meat dog," said the girl.

"Oh! He's a curious animal **und** seems remarkably <u>**klein**</u>, **jetzt wo** I look at him. No one would think of biting such a little thing, except a coward like me," continued the Lion sadly.

"What makes you a coward?" asked Dorothy, looking at the **großen** beast <u>**erstaunt**</u>, **denn** he **war** as big as a <u>**kleines**</u> horse.

"It's a mystery," replied the Lion. "I suppose I <u>**wurde**</u> born **auf diese Weise**. All the other animals **im** forest naturally expect me to be brave, **denn der** Lion is everywhere thought to be the King **der** Beasts. I learned **dass** if I roared very loudly every living thing **war** frightened **und** got **aus** my way. **Wann immer** I've met a man I've been awfully scared; **aber** I just roared at him, **und** he has always run away as fast as he could go. If the elephants **und** the tigers **und** the bears had ever tried to fight me, I should have run myself — I am such a coward; **aber** just as soon as they hear me roar they all try to get away **von mir, und na sicher** I let them go."

"**aber das** isn't right. The King **der** Beasts shouldn't be a coward," said the Scarecrow.

"I know it," returned the Lion, wiping a tear from his eye **mit** the tip <u>**seines**</u> tail. "It is my **großes** sorrow, **und** makes my life very unhappy. <u>**Aber**</u> **wann immer** there is danger, my heart begins to beat fast."

"Perhaps you have heart disease," said the Tin Woodman.

"It may be," said the Lion.

"If you have," continued the Tin Woodman, "you ought to be glad, <u>**denn es**</u> proves you have a heart. <u>**Für**</u> my part, I have no heart; so I can not have heart disease."

"Perhaps," said the Lion thoughtfully, "if I **hätte** no heart I should <u>**nicht sein**</u> a coward."

"Have you brains?" asked the Scarecrow.

"I suppose so. I've never <u>**geschaut**</u> to **sehen**," replied the Lion.

"I am going **zum** Great Oz to ask him to give me some," remarked the Scarecrow, "**denn** my head is stuffed **mit** straw."

"**und** I am going to ask him to give me a heart," said the Woodman.

"**und** I am going to ask him to send Toto **und** me back **nach** Kansas," added Dorothy.

37

"Do you think Oz could give me courage?" asked the Cowardly Lion.

"Just as easily as he could give me brains," said the Scarecrow.

"Or give me a heart," said the Tin Woodman.

"Or send me back **nach** Kansas," said Dorothy.

"Then, if you don't mind, I will go **mit euch**," said the Lion, "**denn** my life is simply unbearable without **ein wenig** courage."

"You will be very welcome," answered Dorothy, "**denn du** will help to keep away the other wild beasts. It seems **mir** they must be more cowardly than you are if they allow you to scare them so easily."

"They really are," said the Lion, "**aber das** doesn't make me any braver, **und** as long as I know myself to be a coward I shall be unhappy."

So once more the little company set off upon the journey, the Lion walking **mit** stately strides at Dorothy's **Seite**. Toto did not approve of this new comrade at first, **denn** he could not forget how nearly he had been crushed between the Lion's **große** jaws. **Aber** after a time he became more at ease, **und** presently Toto **und** the Cowardly Lion had grown to be good friends.

During the **Rest des Tages** there **war** no other adventure to mar the peace **ihrer** journey. Once, indeed, the Tin Woodman stepped upon a beetle **das** was crawling along the road, **und** killed the poor little thing. This made the Tin Woodman very unhappy, **denn** he **war** always careful **nicht** to hurt any living creature; **und** as he walked along he wept several tears **der** sorrow **und** regret. These tears ran slowly **nieder** his face **und** over the hinges **seines** jaw, **und** there they rusted. **Als** Dorothy presently asked him a question the Tin Woodman could not open his mouth, **denn** his jaws **waren** tightly rusted together. He became greatly frightened at this **und** made **viele** motions to Dorothy to relieve him, **aber** she could not understand. The Lion **war** also puzzled to know what **war** wrong. **Aber** the Scarecrow seized the oil-can from Dorothy's basket **und** oiled the Woodman's jaws, so **so dass** after **ein paar Momenten** he could talk as well as before.

"This will serve me a lesson," said he, "to look where I step. **Denn** if I should kill another bug or beetle I should surely cry again, **und** crying rusts my jaws so **so dass** I can not speak."

Thereafter he walked very carefully, **mit seinen** eyes **auf** the road, **und als** he saw a tiny ant toiling by he would step over it, so as **nicht** to harm it. The Tin Woodman knew very well he **hatte kein Herz, und** therefore he took **große** care never to be cruel or unkind **zu** anything.

"You people **mit Herzen**," he said, "have something to guide you, **und** need never do wrong; **aber** I have no heart, **und** so I must be very careful. **Wenn** Oz gives me a heart **na sicher** I needn't mind so much."

weeve
Chapter 6

German	Pronunciation	English
waren	vɑːʀən	were
von	foːn	by
denn	dənn	for
Seite	zaitə	side
im Gegenzug	iːm geːgəntsuːk	in return
großer	kʀoːsɐ	great
an den Rand	ɑːn dən ʀant	to the edge
still	ʃtɪl	still
jetzt wo	jetst voː	now that
klein	klain	small
erstaunt	əʀstaʊnt	in wonder
kleines	klaineːs	small
wurde	vʊʀdə	was
aber	ɑːbɐ	but
seines	zaineːs	of his
Aber	ɑːbɐ	but
denn es	dənn eːs	for it
Für	fyːʀ	for
nicht sein	nɪxt sain	not be

weeve
Chapter 6

German	Pronunciation	English
geschaut	geˑʃaut	looked
mit euch	miːt oːyːx	with you
viele	fiːlə	many
ein paar Momenten	ain paːʀ moːməntən	a few moments
Denn	dənn	for
mit seinen	miːt sainən	with his

7
THE JOURNEY TO THE

> **Weeve Reading Tip:** Returning to your Diglot book after a break can be difficult. Try flipping back to the last vocabulary table, refresh yourself with the words in the story and continue reading.

They **waren** obliged to camp out **in dieser Nacht** under a large tree **im** forest, **denn** there **waren keine Häuser** near. The tree **machte** a good, thick covering to protect them from the dew, **und** the Tin Woodman chopped a **großen** pile **von** wood **mit** his axe **und** Dorothy built a splendid fire **das** warmed her **und** made her feel less lonely. She **und** Toto ate the last **ihres** bread, **und** now she did not know what they would do **zum** breakfast.

"If you wish," said the Lion, "I will go into the forest **und** kill a deer **für euch**. You can roast it **am** fire, since your tastes are so peculiar **dass** you prefer cooked food, **und** then you will have a very good breakfast."

"Don't! Please don't," begged the Tin Woodman. "I should certainly weep if you killed a poor deer, **und** then my jaws would rust again."

Aber the Lion went away into the forest **und** found his own supper, **und** no one ever knew what it **war**, **denn** he didn't mention it. **Und** the Scarecrow found a tree full **von** nuts **und** filled Dorothy's basket **mit ihnen**, **so dass** she would not be hungry **für eine** long time. She thought **dies** was very kind **und** thoughtful **von der** Scarecrow, **aber** she laughed heartily at the awkward way **auf welche** the poor creature picked up the nuts. His padded hands **waren** so clumsy **und** the nuts **waren** so **klein dass** he dropped almost **so viele wie** he put **in** the basket. **Aber** the Scarecrow did not mind how long it took him to fill the basket, **denn es** enabled him to keep away from the fire, as he feared a spark might get into his straw **und** burn him up. So he kept a good distance away from the flames, **und** only came near to cover Dorothy **mit** dry leaves **als** she lay **nieder zu** sleep. These kept her very snug **und** warm, **und** she slept soundly until morning.

Als it **war** daylight, the girl bathed her face **in einem** little rippling brook, **und** soon after they all started toward the Emerald City.

Das war to be an eventful day **für** the travelers. They had hardly been walking an hour **als** they saw before them a **großen** ditch **das** crossed the road **und** divided the forest as far as they could **sehen auf** either **Seite**. It **war** a very wide ditch, **und als** they crept up **an den Rand und sahen** into it they could **sehen** it **war** also very deep, **und** there **waren viele** big, jagged rocks at the bottom. The sides **waren** so steep **dass keiner von ihnen** could climb **runter, und für einen Moment** it seemed **dass** their journey must end.

"What shall we do?" asked Dorothy despairingly.

"I haven't the faintest idea," said the Tin Woodman, **und** the Lion shook his shaggy mane **und sah** thoughtful.

Aber the Scarecrow said, "We can not fly, **das** is certain. Neither can we climb **runter in diesen großen** ditch. Therefore, if we can not jump over it, we must stop where we are."

"I think I could jump over it," said the Cowardly Lion, after measuring the distance carefully **in** his mind.

"Then we are all right," answered the Scarecrow, "**denn du** can carry us all over **auf** your back, one at a time."

"Well, I will try it," said the Lion. "Who will go first?"

"I will," declared the Scarecrow, "**denn**, if you found **das** you could not jump over the gulf, Dorothy would be killed, or the Tin Woodman badly dented **an** the rocks below. **Aber** if I am **auf** your back it will not matter so much, **denn** the fall would not hurt me at all."

"I am terribly afraid of falling, myself," said the Cowardly Lion, "**aber** I suppose there is nothing to do **außer** try it. So get **auf** my back **und** we will make the attempt."

The Scarecrow sat upon the Lion's back, **und** the big beast walked **an den Rand des** gulf **und** crouched **nieder**.

43

"Why don't you run **und** jump?" asked the Scarecrow.

"Because **das** isn't the way we Lions do these things," he replied. Then giving a **großen** spring, he shot through the air **und** landed safely **auf der** other **Seite**. They **waren** all greatly pleased to **sehen** how easily he did it, **und** after the Scarecrow had got **runter** from his back the Lion sprang across the ditch again.

Dorothy thought she would go next; so she took Toto **<u>in ihre Arme</u> und** climbed **auf den** Lion's back, holding tightly **an** his mane **<u>mit einer Hand</u>**. The next moment it seemed as if she were flying through the air; **und** then, before she **hatte** time to think about it, she **war** safe **auf der** other **Seite**. The Lion went back a third time **und** got the Tin Woodman, **und** then they all sat **nieder für ein paar Momente** to give the beast a chance to rest, **denn** his **großen** leaps **<u>hatten gemacht</u>** his breath short, **und** he panted like a big dog **das** has been running too long.

They found the forest very thick **auf dieser Seite**, **und** it **sah** dark **und** gloomy. After the Lion had rested they started along the road **aus** yellow brick, silently wondering, each **in** his own mind, if ever they would come **zum Ende der** woods **und** reach the bright sunshine again. To add **zu** their discomfort, they soon heard strange noises **in** the depths **des** forest, **und** the Lion whispered **zu** them **dass** it **war in** this part **des Landes** that the Kalidahs lived.

"What are the Kalidahs?" asked the girl.

"They are monstrous beasts **mit** bodies like bears **und** heads like tigers," replied the Lion, "**und mit** claws so long **und** sharp **dass** they could tear me **in** two as easily as I could kill Toto. I am terribly afraid of **<u>den</u>** Kalidahs."

"I am not surprised **dass** you are," returned Dorothy. "They must be dreadful beasts."

The Lion **war** about to reply **als** suddenly they came **zu** another gulf across the road. **Aber** this one **war** so **<u>breit</u>** and deep **dass** the Lion knew at once he could not leap across it.

So they sat **nieder** to consider what they should do, **und** after serious thought the Scarecrow said:

"Here is a **<u>großer Baum</u>**, standing close **am** ditch. If the Tin Woodman can chop it **nieder**, **so dass** it will fall **auf die** other **Seite**, we can walk across it easily."

"**Das** is a first-rate idea," said the Lion. "One would almost suspect you **hättest** brains **in** your head, instead **von** straw."

The Woodman set to work at once, **und** so sharp **war** his axe **dass** the **<u>Baum</u>** was soon chopped nearly through. Then the Lion put his strong front legs against **den Baum und** pushed **mit** all his might, **und** slowly the big **Baum** tipped **und** fell **mit** a crash across the ditch, **mit** its top branches **auf der** other **Seite**.

They had just started to cross this queer bridge **als** a sharp growl made them all look up, **und zu ihrem** horror they saw running toward them two **große** beasts **mit** bodies like bears **und** heads like tigers.

"They are the Kalidahs!" said the Cowardly Lion, beginning to tremble.

"Quick!" cried the Scarecrow. "Let us cross over."

So Dorothy went first, holding Toto **in ihren Armen**, the Tin Woodman followed, **und** the Scarecrow came next. The Lion, although he was certainly afraid, turned to face the Kalidahs, **und** then he gave so loud **und** terrible a roar **dass** Dorothy screamed **und** the Scarecrow fell over backward, while even the fierce beasts stopped short **und sah** at him **verblüfft**.

Aber, seeing they **waren** bigger than the Lion, **und** remembering **dass** there **waren zwei von ihnen und** only **einer von ihm**, the Kalidahs again rushed forward, **und** the Lion crossed over **den Baum und** turned to **sehen** what they would do next. Without stopping an instant the fierce beasts also began to cross **den Baum**. **Und** the Lion said **zu** Dorothy:

"We are lost, **denn** they will surely tear us **in** pieces **mit** their sharp claws. **Aber** stand close behind me, **und** I will fight them as long as I am alive."

"Wait a minute!" called the Scarecrow. He had been thinking what **war** best to be done, **und** now he asked the Woodman to chop away the end **des Baumes** das rested **auf ihrer Seite des** ditch. The Tin Woodman began to use his axe at once, **und**, just as the two Kalidahs **waren** nearly across, **der Baum** fell **mit** a crash into the gulf, carrying the ugly, snarling brutes **damit**, **und** both **waren** dashed **in** pieces **an den** sharp rocks at the bottom.

"Well," said the Cowardly Lion, drawing a long breath **der** relief, "I **sehe** we are going to live a little while longer, **und** I am glad **darüber**, **denn es** must be a very uncomfortable thing **nicht** to be alive. Those creatures frightened me so badly **dass** my heart is beating yet."

"Ah," said the Tin Woodman sadly, "I wish I **hätte** a heart to beat."

This adventure **machte** the travelers more anxious than ever to get **aus dem** forest, **und** they walked so fast **dass** Dorothy became tired, **und musste** ride **auf dem** Lion's back. **Zu ihrer großen** joy the trees became thinner the farther they advanced,

und am afternoon they suddenly came upon a **breiten** river, flowing swiftly just before them. **Auf der** other **Seite des Wassers** they could **sehen** the road **aus** yellow brick running through a beautiful **Land, mit** green meadows dotted **mit** bright flowers **und** all the road bordered **mit** trees hanging full **von** delicious fruits. They **waren** greatly pleased to **sehen** this delightful **Land** before them.

"How shall we cross the river?" asked Dorothy.

"**Das** is easily done," replied the Scarecrow. "The Tin Woodman must build us a raft, so we can float **zu der** other **Seite**."

So the Woodman took his axe **und** began to chop **nieder kleine** trees to make a raft, **und** while he **war** busy at **dies** the Scarecrow found **am** riverbank **einen Baum** full **von** fine fruit. **Dies** pleased Dorothy, who had eaten **nichts außer** nuts all day, **und** she **machte** a hearty meal **aus der** ripe fruit.

Aber it takes time to make a raft, even **wenn** one is as industrious **und** untiring as the Tin Woodman, **und als Nacht** came the work **war** not done. So they found a cozy place under the trees where they slept well until the morning; **und** Dorothy dreamed **von der** Emerald City, **und von dem** good Wizard Oz, who would soon send her back **nach** her own home again.

weeve

Chapter 7

German	Pronunciation	English
machte	maxtə	made
zum	t͡suːm	for
Und	ʊnt	and
dies	diːs	this
auf welche	auf vɛlxə	in which
so viele wie	zoː fiːleː viːə	as many as
für	fyːʀ	for
sahen	zɑːən	looked
keiner von ihnen	kainəʀ foːn iːnən	none of them
für einen Moment	fyːʀ ainən moːmənt	for a moment
in diesen	iːn diːsən	into this
außer	ausɐ	but
in ihre Arme	iːn iːreː aʀmə	in her arms
mit einer Hand	miːt ainəʀ hant	with one hand
hatten gemacht	hatən geːmaxt	had made
den	dən	the
breit	pʀait	broad
großer Baum	kʀoːsəʀ baum	great tree
Baum	baum	tree

weeve
Chapter 7

German	Pronunciation	English
in ihren Armen	iːn iːrən aʀmən	in her arms
in	iːn	to
des Baumes	deːs bauməːs	of the tree
damit	dɑmiːt	with it
darüber	dɑːʀyːbɐ	of it
musste	mʊstə	had to
breiten	pʀaitən	broad
des Wassers	deːs vasərs	of the water
kleine	klainə	small
Dies	diːs	this
nichts außer	nɪxts ausɐ	nothing but
wenn	vənn	when
Nacht	naxt	night

8
THE DEADLY POPPY FIELD

Weeve Reading Tip: Read to the end of chapters. This way when you pick your book back up you can refresh your memory of the latest words that were introduced and you can continue on with your story.

Our little party **der** travelers awakened the next morning refreshed **und** full **von** hope, **und** Dorothy breakfasted like a princess off peaches **und** plums from the trees beside the river. Behind them **war** the <u>dunkle</u> forest they had passed safely through, although they had suffered **viele** discouragements; **aber** before them **war** a lovely, sunny **Land das** seemed to beckon them on **zu der** Emerald City.

To be sure, the <u>breite</u> river now cut them off **von diesem** beautiful land. **Aber** the raft **war** nearly done, **und** after the Tin Woodman had cut **ein paar** more logs **und** fastened them together **mit** wooden pins, they **waren** ready to start. Dorothy sat **nieder in die Mitte des** raft **und** held Toto **in ihren Armen**. **Als** the Cowardly Lion stepped <u>auf</u> the raft it tipped badly, **denn** he **war groß** and heavy; **aber** the Scarecrow **und** the Tin Woodman <u>standen</u> upon the other end <u>um zu</u> steady it, **und** they <u>hatten</u> long poles <u>in ihren Händen</u> to push the raft through the water.

They got along quite well at first, **aber als** they reached **die Mitte des** river the swift current swept the raft downstream, farther **und** farther away from the road **aus** yellow brick. **Und** the water grew so deep **dass** the long poles would not touch the bottom.

"<u>Das</u> is bad," said the Tin Woodman, "**denn** if we can not get <u>ans</u>

49

Land we shall **getragen werden** ins Land **der** Wicked Witch **des Westens, und** she will enchant us **und** make us her slaves."

"**Und** then I should get no brains," said the Scarecrow.

"**Und** I should get no courage," said the Cowardly Lion.

"**Und** I should get no heart," said the Tin Woodman.

"**Und** I should never get back **nach** Kansas," said Dorothy.

"We must certainly get **zu der** Emerald City if we can," the Scarecrow continued, **und** he pushed so hard **auf** his long pole **dass** it stuck fast **im** mud **am** bottom **des** river. Then, before he could pull it out again — or let go — the raft **wurde** swept away, **und** the poor Scarecrow was left clinging **an** the pole **in der Mitte des** river.

"Good-bye!" he called after them, **und** they were very sorry to leave him. Indeed, the Tin Woodman began to cry, **aber** fortunately remembered **dass** he might rust, **und** so dried his tears **an** Dorothy's apron.

Na sicher das war a bad thing **für die** Scarecrow.

"I am now worse off than **wenn** I first met Dorothy," he thought. "Then, I **war** stuck **an** a pole **in einem** cornfield, where I could make-believe scare the crows, **auf jeden Fall**. **Aber** surely there is no use **für eine** Scarecrow stuck **an** a pole **in der Mitte eines** river. I am afraid I shall never have any brains, after all!"

Down the stream the raft floated, **und** the poor Scarecrow was left far behind. Then the Lion said:

"Something must be done to save us. I think I can swim **an** the shore **und** pull the raft after me, if you will only hold fast **an** the tip **meines** tail."

So he sprang into the water, **und** the Tin Woodman caught fast hold of his tail. Then the Lion began to swim **mit** all his might toward the shore. It **war** hard work, although he **war** so **groß**; **aber nach einer Weile** they **waren** drawn **aus** the current, **und** then Dorothy took the Tin Woodman's long pole **und** helped push the raft **an** the land.

They **waren** all tired out **als** they reached the shore **schließlich und** stepped off **auf** the pretty green grass, **und** they also knew **dass** the stream **hatte getragen** them a long way past the road **von** yellow brick **das** led **zu der** Emerald City.

"What shall we do now?" asked the Tin Woodman, as the Lion lay **nieder auf** the grass to let the sun dry him.

"We must get back **zu** the road, **irgendwie**," said Dorothy.

"The best plan will be to walk along the riverbank until we come **zu** the road again," remarked the Lion.

So, **als** they **waren** rested, Dorothy picked up her basket **und** they started along the grassy bank, **zu** the road **aus welcher** the river **hatte getragen** them. It **war** a lovely **Land**, **mit vielen** flowers **und** fruit trees **und** sunshine to cheer them, **und** had they **nicht** felt so sorry **für die** poor Scarecrow, they could have been very happy.

They walked along as fast as they could, Dorothy only stopping once to pick a beautiful flower; **und** after a time the Tin Woodman cried out: "Look!"

Then they all **schauten** at the river **und** saw the Scarecrow perched **auf** his pole **in der Mitte des Wassers**, looking very lonely **und** sad.

"What can we do to save him?" asked Dorothy.

The Lion **und** the Woodman both shook their heads, **denn** they did not know. So they sat down **auf die Bank und** gazed wistfully **zu der** Scarecrow until a Stork flew by, who, **beim** seeing them, stopped to rest **am** the water's **Rand**.

"Who are you **und** where are you going?" asked the Stork.

"I am Dorothy," answered the girl, "**und** these are my friends, the Tin Woodman **und** the Cowardly Lion; **und** we are going **zu der** Emerald City."

"**Das** isn't the road," said the Stork, as she twisted her long neck **und sah** sharply **zu der** queer party.

"I know it," returned Dorothy, "**aber** we have lost the Scarecrow, **und** are wondering how we shall get him again."

"Where is he?" asked the Stork.

"Over there **im** river," answered the little girl.

"If he wasn't so **groß und** heavy I would get him **für euch**," remarked the Stork.

"He isn't heavy a bit," said Dorothy eagerly, "**denn** he is stuffed **mit** straw; **und** if you will bring him back **zu** us, we shall thank you ever **und** ever so much."

"Well, I will try," said the Stork, "**aber** if I **finde** he is too heavy to carry I shall have to drop him **in den** river again."

So the **große** bird flew into the air **und** over the water **bis** she came to where the Scarecrow **war** perched **auf** his pole. Then the Stork **mit ihren großen** claws grabbed the Scarecrow **am** arm **und trug** him up into the air **und** back **zu der Bank**, where Dorothy **und** the Lion **und** the Tin Woodman **und** Toto were sitting.

Als the Scarecrow found himself among his friends again, he **war** so happy **dass** he hugged them **alle**, even the Lion **und** Toto; **und** as they walked along he sang "Tol-de-ri-de-oh!" **bei** every step, he felt so gay.

"I was afraid I should have to stay **im** river forever," he said, "**aber** the kind Stork saved me, **und** if I ever get any brains I shall **finden** the Stork again **und** do her some kindness **im Gegenzug**."

"**Das ist richtig**," said the Stork, who was flying along beside them. "I always like to help anyone **in** trouble. **Aber** I must go now, **denn** my babies are waiting **im** nest **auf mich**. I hope you will **finden** the Emerald City **und dass** Oz will help you."

"Thank you," replied Dorothy, **und** then the kind Stork flew into the air **und war** soon **außer** sight.

They walked along listening **zu** the singing **der** brightly colored birds **und** looking **zu den** lovely flowers **die** now became so thick **dass** the ground **war** carpeted **mit ihnen**. There **waren große** yellow **und** white **und** blue **und** purple blossoms, besides **großen** clusters **von** scarlet poppies, **welche waren** so brilliant **in** color they almost dazzled Dorothy's eyes.

"Aren't they beautiful?" the girl asked, as she breathed in **den** spicy scent **der** bright flowers.

"I suppose so," answered the Scarecrow. "**Wenn** I have brains, I shall probably like them better."

"If I only **hätte ein Herz**, I should love them," added the Tin Woodman.

"I always did like flowers," said the Lion. "They seem so helpless **und** frail. **Aber** there are none **im** forest so bright as these."

They now came **auf** more **und** more **der großen** scarlet poppies, **und** fewer **und** fewer **der** other flowers; **und** soon they found themselves **inmitten einer großen** meadow **von** poppies. Now it is well known **dass** when there are **viele von** these flowers together their odor is so powerful **dass** anyone who breathes it falls asleep, **und** if the sleeper is not carried away from the scent **der** flowers, he sleeps **immer weiter** forever. **Aber** Dorothy did not know **dies**, **noch** could she get away **von den** bright red flowers **die** were everywhere about; so presently her eyes grew heavy **und** she felt she must sit **nieder** to rest **und** to sleep.

Aber the Tin Woodman would not let her do **dies**.

"We must hurry **und** get back **zu** the road **aus** yellow brick before **Dunkelheit**," he said; **und** the Scarecrow agreed with him. So they kept walking until Dorothy could stand no longer. Her eyes closed **trotz** herself **und** she forgot where she **war und** fell among the poppies, fast asleep.

"What shall we do?" asked the Tin Woodman.

"If we leave her here she will die," said the Lion. "The smell **der** flowers is killing us **alle**. I myself can scarcely keep my eyes open, **und** the dog is asleep already."

It **war** true; Toto had fallen down beside his little mistress. **Aber** the Scarecrow **und** the Tin Woodman, not being **gemacht** of flesh, were not troubled **durch** the scent **der** flowers.

"Run fast," said the Scarecrow **zum** Lion, "**und** get **raus aus diesem** deadly flower bed as soon as you can. We will bring the little girl **mit** us, **aber** if you should fall asleep you are too **groß** to be carried."

So the Lion aroused himself **und** bounded forward as fast as he could go. **In einem Moment** he **war außer** sight.

"Let us make a chair **mit** our hands **und** carry her," said the Scarecrow. So they picked up Toto **und** put the dog **auf** Dorothy's lap, **und** then they **machten** a chair **mit** their hands for the seat **und** their arms for the arms **und trugen** the sleeping girl between them through the flowers.

Immer weiter they walked, **und** it seemed **dass** the **große** carpet **von** deadly flowers **das** surrounded them would never end. They followed the bend **des** river, **und schließlich** came **auf** their friend the Lion, lying fast asleep among the poppies. The flowers had been too strong **für den** huge beast **und** he had given up **schließlich, und** fallen only a short distance from the end **des** poppy bed, where the sweet grass spread **in** beautiful green fields before them.

"We can do nothing **für ihn**," said the Tin Woodman, sadly; "**denn** he is much too heavy to lift. We must leave him here to sleep **weiter** forever, **und** perhaps he will dream **dass** he has found courage **schließlich**."

"I am sorry," said the Scarecrow. "The Lion **war** a very good comrade **für** one so cowardly. **Aber** let us go **weiter**."

They **trugen** the sleeping girl **an einen** pretty spot beside the river, far **genug von dem** poppy field to prevent her breathing any more **von dem** poison **der** flowers, **und** here they laid her gently **auf das** soft grass **und** waited **auf die** fresh breeze to waken her.

weeve

Chapter 8

German	Pronunciation	English
dunkle	dʊŋklə	dark
breite	ʀaitə	broad
auf	auf	upon
groß	kʀoːs	big
standen	ʃtandən	stood
um zu	uːm t͡suː	to
hatten	hatən	had
in ihren Händen	iːn iːʀən hæːndən	in their hands
Das	dɑːs	this
ans Land	ans lant	to the land
getragen werden	gɛtʀɑːgən vəʀdən	be carried
auf jeden Fall	auf jeːdən fal	at any rate
nach einer Weile	nɑːx ainəʀ vailə	by and by
schließlich	ʃlɪsliːx	at last
irgendwie	ɪʀgəntviːə	in some way
aus welcher	aus vɛlxɐ	from which
vielen	fiːlən	plenty of
schauten	ʃautən	looked
auf die Bank	auf diː baŋk	upon the bank

weeve
Chapter 8

German	Pronunciation	English
beim	baim	upon
Rand	ʀant	edge
finde	fɪndə	find
große	kʀoːsə	big
alle	alə	all
bei	bai	at
finden	fɪndən	find
richtig	ʀɪxtiːk	all right
auf mich	auf miːx	for me
die	diːə	which
welche	vɛlxə	which
großen	kʀoːsən	big
immer weiter	ɪmər vaitɐ	on and on
noch	noːx	nor
Dunkelheit	dʊŋkeːlhait	dark
trotz	tʀoːt͡s	in spite of
gemacht	geːmaxt	made
durch	dʊʀx	by
raus aus diesem	ʀaus aus diːseːm	out of this

Chapter 8

German	Pronunciation	English
machten	maxtən	made
trugen	tʀuːgən	carried
für ihn	fyːʀ iːn	for him
weiter	vaitɐ	on

9

THE QUEEN OF THE FIELD MICE

Weeve Reading Tip: Remember, translated words won't always map directly to an English translation. Instead of trying to memorise the English equivalent of a foreign word, think of it as a unique word, with it's own meaning.

"We can **nicht sein** far from the road **aus** yellow brick, now," remarked the Scarecrow, as he **stand** beside the girl, "**denn** we have come nearly as far as the river **trug** us away."

The Tin Woodman **war** about to reply **als** he heard a low growl, **und** turning his head (**welches** worked beautifully **an** hinges) he saw a strange beast come bounding over the grass toward them. It **war**, indeed, a **große** yellow Wildcat, **und** the Woodman thought it must be chasing something, **denn** its ears were lying close **an** its head **und** its mouth **war** wide open, showing two rows **von** ugly teeth, while its red eyes glowed like balls **von** fire. As it came nearer the Tin Woodman saw **dass** running before the beast **war** a little **graue** field mouse, **und** although he **hatte** no **Herz** he knew it **war** wrong **für die** Wildcat to try to kill such a pretty, harmless creature.

So the Woodman raised his axe, **und** as the Wildcat ran by he gave it a quick blow **das** cut the beast's head clean off from its body, **und** it rolled over at his feet **in** two pieces.

The field mouse, now **jetzt, wo** it **war** freed from its enemy, stopped short; **und** coming slowly up **zum** Woodman it said, **mit einer** squeaky little **Stimme**:

"Oh, thank you! Thank you ever so much **für** saving my life."

"Don't speak **davon**, I beg of you," replied the Woodman. "I have no **Herz**, you know, so I am careful to help **alle** those who may need a friend, even if it happens to be only a mouse."

"Only a mouse!" cried the little animal, indignantly. "Why, I am a Queen — the Queen **aller** Field Mice!"

"Oh, indeed," said the Woodman, making a bow.

"Therefore you have done a **große** deed, as well as a brave one, in saving my life," added the Queen.

In dem Moment several mice **wurden** seen running up as fast as their little legs could carry them, **und als** they saw their Queen they exclaimed:

"Oh, your Majesty, we thought you would be killed! How did you manage to escape the **großen** Wildcat?" They **alle** bowed so low to the little Queen **dass** they almost **standen** upon their heads.

"This funny tin man," she answered, "killed the Wildcat **und** saved my life. So hereafter you must **alle** serve him, **und** obey his slightest wish."

"We will!" cried **all** the mice, **in einem** shrill chorus. **Und** then they scampered **in alle Richtungen**, **denn** Toto had awakened from his sleep, **und** seeing **alle** these mice around him he gave one bark **der** delight **und** jumped right **in die Mitte der Gruppe**. Toto had always loved to chase mice **als** he lived **in** Kansas, **und** he saw no harm **darin**.

Aber the Tin Woodman caught the dog **in seinen Armen und** held him tight, while he **rief** to the mice, "Come back! Come back! Toto shall not hurt you."

Dazu the Queen **der** Mice stuck her head out from underneath a clump **von** grass **und** asked, **mit einer** timid **Stimme**, "Are you sure he will not bite us?"

"I will not let him," said the Woodman; "so do not be afraid."

Nacheinander the mice came creeping back, **und** Toto did not bark again, although he tried to get **aus den** Woodman's arms, **und** would have bitten him **hätte** he **nicht** known very well he **wäre** gemacht of tin. Finally one **eine der** biggest mice spoke.

"Is there anything we can do," it asked, "to repay you **für** saving the life **unserer** Queen?"

"Nothing **das** I know of," answered the Woodman; **aber** the Scarecrow, who had been trying to think, **aber** could not because his head **war** stuffed **mit** straw, said, quickly, "Oh, yes; you can save our friend, the Cowardly Lion, who is asleep **im** poppy bed."

"A Lion!" cried the little Queen. "Why, he would eat us **alle** up."

"Oh, no," declared the Scarecrow; "this Lion is a coward."

"Really?" asked the Mouse.

"He says so himself," answered the Scarecrow, "**und** he would never hurt anyone who is our friend. If you will help us to save him I promise **dass** he shall treat you **alle mit** kindness."

"Very well," said the Queen, "we trust you. **Aber** what shall we do?"

"Are there **viele von diesen** mice **die** call you Queen **und** are willing to obey you?"

"Oh, yes; there are thousands," she replied.

"Then send for them **alle** to come here as soon as possible, **und** let each one bring a long piece **von** string."

The Queen turned **zu den** mice **dass** attended her **und** told them to go **<u>auf einmal</u> und** get **all** her people. As soon as they heard her orders they ran away **in** every direction as fast as possible.

"Now," said the Scarecrow **zum** Tin Woodman, "you must go **zu den** trees **am** riverside **und** make a truck **das** will carry the Lion."

So the Woodman went **auf einmal zu** the trees **und** began to work; **und** he soon **machte** a truck **aus** the limbs **der** trees, **<u>aus denen</u>** he chopped away **all** the leaves **und** branches. He fastened it together **mit** wooden pegs **und** made the **<u>vier</u>** wheels **aus** short pieces **<u>eines großen Baumstamms</u>**. So fast **und** so well did he work **dass** by the time the mice began to arrive the truck **war** all ready **<u>für sie</u>**.

They came **<u>aus allen</u> Richtungen**, **und** there **waren** thousands **von ihnen**: **großen** mice **und** little mice **und** middle-sized mice; **und** each one brought a piece **von** string **in** his mouth. It **war** about this time **dass** Dorothy woke **aus ihrem** long sleep **und** opened her eyes. She **war** greatly astonished to **finden** herself lying **auf** the grass, **<u>Mit</u>** thousands **von** mice standing around **und** looking **zu ihr** timidly. **Aber** the Scarecrow told her about everything, **und** turning **zu der** dignified little Mouse, he said:

"Permit me to introduce to you her Majesty, the Queen."

Dorothy nodded gravely **und** the Queen **machte** a curtsy, after **<u>welchem</u>** she became quite friendly **mit dem** little girl.

The Scarecrow **und** the Woodman now began to fasten the mice **an den** truck, using the strings they had brought. One end **einer** string **war** tied around the neck **von** each mouse **und** the other end **an den** truck. **Selbstverständlich** the truck **war** a thousand times bigger than any **der** the mice who **waren** to draw it; **aber als all** the mice had been harnessed, they **waren** able to pull it quite easily. Even the Scarecrow **und** the Tin Woodman could sit **darauf, und wurden** drawn swiftly **von** their queer little horses **an** the place where the Lion lay asleep.

After **sehr viel** hard work, **denn der** Lion **war** heavy, they managed to get him up **auf** the truck. Then the Queen hurriedly gave her people the order to start, **denn** she feared if the mice stayed among the poppies too long they also would fall asleep.

Anfangs the little creatures, **viele** though they **waren**, could hardly stir the heavily loaded truck; **aber** the Woodman **und** the Scarecrow both pushed from behind, **und** they got along better. Soon they rolled the Lion **aus dem** poppy bed **zum** green fields, where he could breathe the sweet, fresh air again, **statt der** poisonous scent **der** flowers.

Dorothy came to meet them **und** thanked the little mice warmly for saving her companion from death. She had grown so fond of the **großen** Lion she **war** glad he had been rescued.

Then the mice **waren** unharnessed from the truck **und** scampered away through the grass **zu** their homes. The Queen **der** Mice **war** the last to leave.

"If ever you need us again," she said, "come out into the field **und** call, **und** we shall hear you **und** come **zu** your assistance. Good-bye!"

"Good-bye!" they **alle** answered, **und** away the Queen ran, while Dorothy held Toto tightly lest he should run after her **und** frighten her.

After **dies** they sat **nieder** beside the Lion until he should awaken; **und** the Scarecrow brought Dorothy some fruit **von einem Baum in der Nähe, welche** she ate **zum** her dinner.

weeve
Chapter 9

German	Pronunciation	English
welches	vɛlxeːs	which
graue	kʀauə	gray
Herz	həʀt͡s	heart
aller	alɐ	of all the
wurden	vʊʀdən	were
all	al	all
Richtungen	ʀɪxtuːŋən	directions
der Gruppe	dəʀ kʀʊpə	of the group
rief	ʀiːf	called
Dazu	daːt͡suː	at this
Nacheinander	nɑːxainandɐ	one by one
wäre	væːʀə	was
unserer	ʊnsəʀɐ	of our
auf einmal	auf aɪmɑːl	at once
aus denen	aus dənən	from which
vier	fiːʀ	four
großen Baumstamms	kʀoːsən baʊmstams	big tree trunk
für sie	fyːʀ siːə	for them
aus allen	aus alən	from all

weeve
Chapter 9

German	Pronunciation	English
Mit	miːt	with
welchem	vɛlxeːm	which
Selbstverständlich	zɛlbstfəʀstæːntliːx	of course
sehr viel	zeːʀ fiːl	a great deal of
Anfangs	anfaŋs	at first

10

THE GUARDIAN OF THE GATE

Weeve Reading Tip: When using our vocab tables to check your knowledge, remember that these show what the words mean in this specific context. Often, this word could have a different meaning when you see it elsewhere. Continue focusing on understanding the word as you see it in the story. Understanding will come naturally with time.

It **war** some time before the Cowardly Lion awakened, **denn** he had lain among the poppies a long while, breathing **ein** their deadly fragrance; **aber als** he did open his eyes **und** roll off the truck he **war** very glad to **finden** himself **noch** alive.

"I ran as fast as I could," he said, sitting **nieder und** yawning, "**aber** the flowers **waren** too strong **für mich**. How did you get me out?"

Then they told him **von** the field mice, **und** how they had generously saved him from death; **und** the Cowardly Lion laughed, **und** said:

"I have always thought myself very **groß und** terrible; yet such little things as flowers came near to killing me, **und** such **kleine** animals as mice have saved my life. How strange it **alles** is! **Aber**, comrades, what shall we do now?"

"We must journey **weiter** until we **finden** the road **von** yellow brick again," said Dorothy, "**und** then we can keep on **zu der** Emerald City."

So, the Lion being fully refreshed, **und** feeling quite himself again, they **alle** started upon the journey, greatly enjoying the walk through the soft, fresh grass; **und** it **war nicht** long before they reached the road **von** yellow brick **und** turned again toward the Emerald City where the Great Oz dwelt.

The road **war** smooth **und** well paved, now, **und das Land** about **war** beautiful, so **dass** the travelers rejoiced in leaving the forest far behind, **und damit** the **viele** dangers they had met **in** its gloomy shades. Once more they could **sehen** fences built beside the road; **aber** these <u>**war**</u> painted green, **und als** they came **zu einem** <u>**kleinen Haus**</u>, **in welchem ein Bauer** evidently lived, **das** also **war** painted green. They passed **durch** several **dieser** houses during the afternoon, **und** sometimes people came **zu** the doors **und schauten** at them as if they would like to ask questions; **aber** no one came near them **noch** spoke **zu** them because **dem großen** Lion, **von welchem** they were very much afraid. The people **waren alle** dressed **in** clothing **einer** lovely emerald-green color **und** wore peaked hats like those **der** Munchkins.

"**Dies** must be the Land **von** Oz," said Dorothy, "**und** we are surely getting near the Emerald City."

"Yes," answered the Scarecrow. "Everything is green here, while **im Land der** Munchkins blue **war** the favorite color. **Aber** the people do not seem to be as friendly as the Munchkins, **und** I am afraid we shall be unable to **finden** a place to pass **die Nacht**."

"I should like something to eat besides fruit," said the girl, "**und** I am sure Toto is nearly starved. Let us stop **am** next **Haus und** talk to the people."

So, **als** they came **in ein** good-sized farmhouse, Dorothy walked boldly up <u>**zur Tür**</u> **und** knocked.

A woman opened it just far **genug** to look out, **und** said, "What do you want, child, **und** why is **der** great Lion **mit dir**?"

"We wish to pass **die Nacht mit ihnen**, if you will allow us," answered Dorothy; "**und** the Lion is my friend **und** comrade, **und** would not hurt you **für** the world."

"Is he tame?" asked the woman, opening **die Tür** a little wider.

"Oh, yes," said the girl, "**und** he is a **großer** coward, too. He will be more afraid of you than you are of him."

"Well," said the woman, after thinking it over **und** taking <u>**einen weiteren**</u> peep **auf den** Lion, "if **das** is the case you may come **rein, und** I will give you some supper **und** a place to sleep."

So they **alle** entered **das Haus**, where there **waren**, besides the woman, two children **und** a man. The man had hurt his leg, **und** was lying **auf** the couch **in** a corner. They seemed greatly surprised to **sehen** so strange a company, **und** while the woman **war** busy laying **den Tisch** the man asked:

"Where are you **alle** going?"

"**Zur** Emerald City," said Dorothy, "to **sehen** the Great Oz."

"Oh, indeed!" exclaimed the man. "Are you sure **dass** Oz will **sehen** you?"

"Why **nicht**?" she replied.

"Why, it is said **dass** he never lets anyone come into his presence. I have been **zur** Emerald City **vielmals**, **und** it is a beautiful **und** wonderful place; **aber** I have never been permitted to **sehen** the Great Oz, **noch** do I know of any living person who has seen him."

"Does he never go out?" asked the Scarecrow.

"Never. He sits day after day **im großen** Throne Room **seines** Palace, **und sogar** those who wait **auf** him do not see him face **zu** face."

"What is he like?" asked the girl.

"**Das** is hard to tell," said the man thoughtfully. "**Siehst du**, Oz is a **großer** Wizard, **und** can take on any form he wishes. **So dass** some say he looks like a bird; **und** some say he looks like an elephant; **und** some say he looks like a cat. **Für andere** he appears as a beautiful fairy, **oder** a brownie, **oder in** any other form **das** pleases him. **Aber** who the real Oz is, **wenn** he is **in** his own form, no living person can tell."

"**Das** is very strange," said Dorothy, "**Aber** we must try, **in irgendeiner Weise**, to **sehen** him, **oder** we shall have made our journey **für** nothing."

"Why do you wish to **sehen** the terrible Oz?" asked the man.

"I want him to give me some brains," said the Scarecrow eagerly.

"Oh, Oz could do **das** easily **genug**," declared the man. "He has more brains than he needs."

"**und** I want him to give me **ein Herz**," said the Tin Woodman.

"**Das** will not trouble him," continued the man, "**denn** Oz has a large collection **von** hearts, **in allen** sizes **und** shapes."

"**und** I want him to give me courage," said the Cowardly Lion.

"Oz keeps a **großen** pot of courage **in** his Throne Room," said the man, "**die** he has covered **mit einem** golden plate, to keep it from running over. He will be glad to give you some."

"**und** I want him to send me back **nach** Kansas," said Dorothy.

"Where is Kansas?" asked the man, **mit** surprise.

"I don't know," replied Dorothy sorrowfully, "**aber** it is my home, **und** I am sure it's somewhere."

"Very likely. Well, Oz can do anything; so I suppose he will **finden** Kansas **für dich**. **Aber** first you must get to **sehen** him, **und das** will be a hard task; **denn der** Great Wizard does not like to **sehen** anyone, **und** he usually has his own way. **Aber** what do YOU want?" he continued, speaking **zu** Toto. Toto only wagged his tail; **denn**, strange to say, he could not speak.

The woman now called to them **dass** supper **war** ready, so they gathered around **den Tisch und** Dorothy ate some delicious porridge **und** a dish **mit** scrambled eggs **und** a plate **mit** nice white bread, **und** enjoyed her meal. The Lion ate some **von** the porridge, **aber** did not care **darum**, saying it **wurde gemacht** from oats **und** oats **waren** food **für** horses, **nicht für** lions. The Scarecrow **und** the Tin Woodman ate **überhaupt nichts**. Toto ate a little **von** everything, **und war** glad to get a good supper again.

The woman now gave Dorothy a bed to sleep in, **und** Toto lay **nieder** beside her, while the Lion guarded **die Tür ihres Zimmers** so she might not be disturbed. The Scarecrow **und** the Tin Woodman **standen** up **in einer Ecke und** kept quiet **die ganze Nacht**, although **na sicher** they could not sleep.

The next morning, as soon as **die Sonne** was up, they started **auf** their way, **und** soon saw a beautiful green glow **im Himmel** just before them.

"**Das** must be the Emerald City," said Dorothy.

As they walked on, the green glow became brighter **und** brighter, **und** it seemed **dass** at last they were nearing the end **ihrer** travels. Yet it **war** afternoon before they came **zur großen** wall **das** surrounded the City. It **war** high **und** thick **und von einer** bright green color.

Vor ihnen, **und am Ende der** road **aus** yellow brick, was a **großes** gate, **alles** studded **mit** emeralds **die** glittered so **in der Sonne dass** even the painted eyes **der** Scarecrow **waren** dazzled **durch** their brilliancy.

There **war** a bell beside the gate, **und** Dorothy pushed the button **und** heard a silvery tinkle sound within. Then the **große** gate swung slowly open, **und** they **alle** passed through **und** found themselves **in einem** high arched **Zimmer**, **die Wände** of which glistened **mit** countless emeralds.

Before them **stand** a little man about the **gleiche** size as the Munchkins. He **war** clothed **ganz in** green, from his head **zu** his feet, **und sogar** his skin **war von einer** greenish tint. **An** his **Seite war** a large green box.

Als he saw Dorothy **und** her companions the man asked, "What do you wish **in der** Emerald City?"

"We came here to **sehen** the Great Oz," said Dorothy.

The man **war** so surprised at this answer **dass** he sat **nieder** to think it over.

"It has been **viele** years since anyone asked me to **sehen** Oz," he said, shaking his head **in** perplexity. "He is powerful **und** terrible, **und** if you come on an idle **oder** foolish errand to bother the wise reflections **des** Great Wizard, he might be angry **und** destroy you **alle sofort**."

"**Aber** it is not a foolish errand, **noch** an idle one," replied the Scarecrow; "it is important. **Und** we have been told **dass** Oz is a good Wizard."

"So he is," said the green man, "**und** he rules the Emerald City wisely **und** well. **Aber zu denjenigen** who are **nicht** honest, **oder** who approach him from curiosity, he is most terrible, **und** few have ever dared ask to **sehen** his face. I am the Guardian **des** Gates, **und** since you demand to **sehen** the Great Oz I must take you **zu** his Palace. **Aber** first you must put on the spectacles."

"Why?" asked Dorothy.

"Because if you did not wear spectacles the brightness **und** glory **der** Emerald City would blind you. **Auch diejenigen** who live **in der** City must wear spectacles **Nacht und** day. They are **alle** locked on, **denn** Oz so ordered it **als** the City **war** first built, **und** I have the only key **das** will unlock them."

He opened the **große** box, **und** Dorothy saw **dass** it **war** filled **mit** spectacles **von** every size **und** shape. **Alle von ihnen hatten** green glasses **in** them. The Guardian **des** Gates found a pair **das** would just fit Dorothy **und** put them over her eyes. There **waren** two golden bands fastened **an** them **das** passed around the back **ihres** head, where they **waren** locked together **durch einen** little key that was **am Ende einer** chain the Guardian **des** Gates wore around his neck. **Als** they **waren** on, Dorothy could not take them off **hätte** she wished, **aber natürlich** she did not wish to be blinded **von** the glare **der** Emerald City, so she said nothing.

Then the green man fitted spectacles **für die** Scarecrow **und** the Tin Woodman **und** the Lion, **und auch** on little Toto; **und alle waren** locked fast **mit** the key.

Then the Guardian **des** Gates put on his own glasses **und** told them he **war** ready to show them **zum** Palace. Taking a **großen** golden key from a peg **an** the wall, he opened **ein weiteres** gate, **und** they **alle** followed him through the portal into the streets **der** Emerald City.

weeve
Chapter 10

German	Pronunciation	English
ein	ain	in
alles	aleːs	all
war	vɑːʀ	were
kleinen Haus	klainən haus	small house
zur Tür	t͡suːʀ tyːʀ	to the door
einen weiteren	ainən vaitəʀən	another
den Tisch	dən tiːʃ	the table
vielmals	fɪlmals	many times
sogar	zoːgɑːʀ	even
Für andere	fyːʀ andəʀə	to others
oder	oːdɐ	or
in irgendeiner Weise	iːn ɪʀgəndainəʀ vaisə	in some way
für dich	fyːʀ diːx	for you
mit	miːt	of
darum	dɑːʀuːm	for it
ihres Zimmers	iːʀeːs t͡sɪməʀs	of her room
im Himmel	iːm hɪmeːl	in the sky
Vor ihnen	foːʀ iːnən	in front of them

weeve
Chapter 10

German	Pronunciation	English
großes	kʀoːseːs	big
Zimmer	t͡sɪmɐ	room
die Wände	diː væːndə	the walls
gleiche	klaixə	same
ganz	gant͡s	all
An	aːn	at
sofort	zoːfɔrt	in an instant
zu denjenigen	t͡suː dənjəniːçən	to those
Auch	aux	even
diejenigen	diːjəniːçən	those
natürlich	naːtʏrliːx	of course
auch	aux	even
ein weiteres	ain vaitəʀeːs	another

11
THE WONDERFUL CITY OF OZ

> "We have two very different ways of going about getting better in another language, you can acquire language, you can learn a language and they're very different processes." – Stephen Krashen, expert in linguistics at University of Southern California

Auch mit eyes protected **durch die** green spectacles, Dorothy **und** her friends **waren anfangs** dazzled **von** the brilliancy **der** wonderful City. The streets **waren** lined **mit** beautiful houses **alle** built **aus** green marble **und** studded everywhere **mit** sparkling emeralds. They walked over a pavement **aus dem <u>gleichen</u>** green marble, **und <u>wo</u>** the blocks **waren** joined together **waren** rows **von** emeralds, set closely, **und** glittering **in** the brightness **der Sonne**. The window panes **waren aus** green glass; **auch der Himmel** above the City **hatte** a green tint, **und** the rays **der Sonne waren** green.

There **waren viele** people — men, women, **und** children — walking about, **und** these **waren alle** dressed **in** green clothes **und hatten** greenish skins. They **sahen** at Dorothy **und** her strangely assorted company **mit** wondering eyes, **und** the children **alle** ran away **und** hid behind their mothers **als** they saw the Lion; **aber** no one spoke **zu** them. <u>**Viele**</u> shops **standen** in the street, **und** Dorothy saw **dass** everything **in** them **war** green.

Green candy **und** green pop corn **wurde** offered **zum Verkauf**, as well as green shoes, green hats, **und** green clothes **von jeder** sorts. **An** one place a man was selling green lemonade, **und als** the children bought it Dorothy could **sehen dass** they paid **dafür mit** green pennies.

There seemed to be no horses **noch** animals **von** any kind; the men **trugen** things around **in** little green carts, **welche** they pushed before them. Everyone seemed happy **und** contented **und** prosperous.

The Guardian **des** Gates led them through the streets until they came **zu einem großen** building, exactly **in der Mitte der** City, **welches war** the Palace **von** Oz, the Great Wizard. There **war** a soldier before **der Tür**, dressed **in einer** green uniform **und** wearing a long green **Bart**.

"Here are strangers," said the Guardian **des** Gates **zu** him, "**und** they demand to **sehen** the Great Oz."

"Step inside," answered the soldier, "**und** I will carry your message **zu** him."

So they passed through the Palace Gates **und wurden** led **in einen großen Raum mit einem** green carpet **und** lovely green furniture set **mit** emeralds. The soldier made them **alle** wipe their feet **auf** a green mat before entering **diesen Raum, und als** they **waren** seated he said politely:

"Please make yourselves comfortable while I **gehe zur Tür des** Throne Room **und** tell Oz you are here."

They **mussten** wait a long time before the soldier returned. **Als, schließlich**, he came back, Dorothy asked:

"Have you seen Oz?"

"Oh, no," returned the soldier; "I have never seen him. **Aber** I spoke **zu** him as he sat behind his screen **und** gave him your message. He said he will grant you an audience, if you so desire; **aber** each one **von euch** must enter his presence alone, **und** he will admit **nur** one each day. Therefore, as you must remain **im** Palace **für** several days, I will have you shown **in** rooms **wo** you may rest **in** comfort after your journey."

"Thank you," replied the girl; "**das** is very kind **von** Oz."

The soldier now blew **auf** a green whistle, **und auf einmal** a young girl, dressed **in einem** pretty green silk gown, entered **den Zimmer**. She **hatte** lovely green hair **und** green eyes, **und** she bowed low before Dorothy as she said, "Follow me **und** I will show you your **Zimmer**."

So Dorothy said good-bye to all her friends **außer** Toto, **und** taking the dog **in ihre Arme** followed the green girl through seven passages **und** up <u>**drei**</u> flights of stairs until they came **in ein Zimmer** <u>**auf der Vorderseite**</u> des Palace. It **war** the sweetest little **Zimmer auf der Welt, mit einem** soft comfortable <u>**Bett**</u> that **hatte** sheets **aus** green silk **und** a green velvet counterpane. There **war** a tiny fountain **in der Mitte des Zimmers, das** shot a spray of green perfume into the air, to fall back **in ein** beautifully carved green marble basin. Beautiful green flowers **standen** in the windows, **und** there **war** a shelf **mit** a row **von** little green books. **Als** Dorothy **hatte** time to open these books she found them full **von** queer green pictures that made her laugh, they **waren** so funny.

<u>**In**</u> a wardrobe **waren viele** green dresses, **gemacht** of silk **und** satin **und** velvet; **und alle von ihnen** fitted Dorothy exactly.

"Make yourself perfectly <u>**zu Hause**</u>," said the green girl, "**und** if you wish **für** anything ring the bell. Oz will send **für sie** tomorrow morning."

She left Dorothy alone **und** went back **zu** the others. These she also led to rooms, **und** each one **von ihnen** found himself lodged **in einem** very pleasant part **des** Palace. **Selbstverständlich** this politeness **war** wasted **auf der** Scarecrow; **denn als** he found himself alone **in** his **Zimmer** he **stand** stupidly **auf** one spot, just within <u>**der Türöffnung**</u>, to wait **bis zum Morgen**. It would not rest him to lie **nieder, und** he could not close his eyes; so he remained **die ganze Nacht** staring **auf eine** little spider **die** was weaving its web **in einer Ecke des Zimmers**, just as if it **war nicht** one **der** most wonderful rooms **der Welt**. The Tin Woodman lay **nieder auf** his **Bett** from force of habit, for he remembered **als** he **war gemacht** of flesh; **aber nicht** being able to sleep, he passed **die Nacht** moving his joints up **und runter** to make sure they kept **in** good working order. The Lion would have preferred **ein Bett aus** dried leaves **im** forest, **und** did not like being shut up **in einem Zimmer; aber** he **hatte** too much sense to let **dies** worry him, so he sprang **auf das Bett und** rolled himself up like a cat **und** purred himself asleep <u>**in einer Minute**</u>.

The next morning, after breakfast, the green maiden came to fetch Dorothy, **und** she dressed her **in** one **der** prettiest gowns, **gemacht** of green brocaded satin. Dorothy put on a green silk apron **und** tied a green ribbon around Toto's neck, **und** they started for the Throne Room **des** Great Oz.

First they came **zu einer großen** hall **in welchem waren viele** ladies **und** gentlemen **des** court, **alle** dressed **in** rich costumes. These people **hatten** nothing to do **außer** talk **zu** each other, **aber** they always came to wait outside the Throne Room every morning, although they **waren** never permitted to **sehen** Oz. As Dorothy entered they **sahen** at her curiously, **und** one **von ihnen** whispered:

73

"Are you really going to look **auf** the face **von** Oz the Terrible?"

"**Selbstverständlich**," answered the girl, "if he will **sehen** me."

"Oh, he will **sehen** you," said the soldier who had taken her message **zum** Wizard, "although he does not like to have people ask to **sehen** him. Indeed, **anfangs** he **war** angry **und** said I should send you back **wo** you came from. Then he asked me what you looked like, **und als** I mentioned your silver shoes he **war** very much interested. **Schließlich** I told him about the mark **auf** your forehead, **und** he decided he would admit you to his presence."

Just then a bell rang, **und** the green girl said **zu** Dorothy, "**Das** is the signal. You must **gehen in den** Throne Room alone."

She opened a little **Tür und** Dorothy walked boldly through **und** found herself **an einem** wonderful place. It **war** a **großes**, round **Zimmer mit einem** high arched **Dach**, **und die Wände und** ceiling **und Boden** were covered **mit** large emeralds set closely together. **In** the center **des Daches war** a **großes** light, as bright as **die Sonne, die** made the emeralds sparkle **auf eine** wonderful manner.

Aber what interested Dorothy most **war** the **große** throne **aus** green marble that stood **in der Mitte des Zimmers**. It **war** shaped like a chair **und** sparkled **mit** gems, as did everything else. **In** the center **des** chair **war** an enormous Head, without a body to support it **oder irgendwelche** arms **oder** legs whatever. There **war** no hair **auf** this head, **aber** it **hatte** eyes **und** a nose **und** mouth, **und war** much bigger than the head **des** biggest giant.

As Dorothy gazed **auf dies** in wonder **und** fear, the eyes turned slowly **und sahen** at her sharply **und** steadily. Then the mouth moved, **und** Dorothy heard **eine Stimme** say:

"I am Oz, the **Großartige und** Terrible. Who are you, **und** why do you seek me?"

It **war nicht** such an awful **Stimme** as she had expected to come **von dem groß** Head; so she took courage **und** answered:

"I am Dorothy, the Small **und** Meek. I have come **zu** you **um Hilfe**."

The eyes **sahen** at her thoughtfully **für eine** full minute. Then said **die Stimme**:

"**Woher** did you get the silver shoes?"

"I got them **von der** Wicked Witch **des Ostens, als** my **Haus** fell **auf** her **und** killed her," she replied.

"**Woher** did you get the mark **auf** your forehead?" continued **die Stimme**.

"**Das** is **wo** the Good Witch **des Nordens** kissed me **als** she bade me good-bye **und** sent me **zu** you," said the girl.

Again the eyes **sahen** at her sharply, **und** they saw she was telling the truth. Then Oz asked, "What do you wish me to do?"

"Send me back **nach** Kansas, **wo** my Aunt Em **und** Uncle Henry are," she answered earnestly. "I don't like your **Land**, although it is so beautiful. **Und** I am sure Aunt Em will be dreadfully worried over my being away so long."

The eyes winked **drei** times, **und** then they turned up **zur** ceiling **und runter zum Boden und** rolled around so queerly **dass** they seemed to **sehen** every part **des Zimmers. und schließlich** they **sahen** at Dorothy again.

"Why should I do **dies** for you?" asked Oz.

"Because you are strong **und** I am weak; because you are a **Großartiger** Wizard **und** I am only a little girl."

"**Aber** you **warst** strong **genug** to kill the Wicked Witch **des Ostens**," said Oz.

"**Das** just happened," returned Dorothy simply; "I could not help it."

"Well," said the Head, "I will give you my answer. You have **kein** right to expect me to send you back **nach** Kansas unless you do something **für mich im Gegenzug. In diesem Land** everyone must pay **für** everything he gets. If you wish me to use my magic power to send you home again you must do something **für mich** first. Help me **und** I will help you."

"What must I do?" asked the girl.

"Kill the Wicked Witch **des Westens**," answered Oz.

"**Aber** I can not!" exclaimed Dorothy, greatly surprised.

"You killed the Witch **des Ostens und** you wear the silver shoes, **die** bear a powerful charm. There is now **nur** one Wicked Witch left **in diesem gesamten Land, und wenn** you can tell me she is dead I will send you back **nach** Kansas — **aber nicht** before."

The little girl began to weep, she **war** so much disappointed; **und** the eyes winked again **und sahen** upon her anxiously, as if the Great Oz felt **dass** she could help him if she would.

"I never killed anything, willingly," she sobbed. "**Selbst wenn** I wanted to, how could I kill the Wicked Witch? If you, who are

Großartig und Terrible, can not kill her yourself, how do you expect me to do it?"

"I do not know," said the Head; "**aber das** is my answer, **und** until the Wicked Witch dies you will **nicht sehen** your uncle **und** aunt again. Remember **dass** the Witch is Wicked — tremendously Wicked — **und** ought to be killed. Now **geh**, **und** do not ask to **sehen** me again until you have done your task."

Sorrowfully Dorothy left the Throne Room **und** went back **wo** the Lion **und** the Scarecrow **und** the Tin Woodman were waiting to hear what Oz had said **zu** her. "There is **keine** hope **für mich**," she said sadly, "**denn** Oz will not send me home until I have killed the Wicked Witch **des Westens; und das** I can never do."

Her friends were sorry, **aber** could do nothing to help her; so Dorothy went **in** her own **Zimmer und** lay **nieder auf das Bett und** cried herself to sleep.

The next morning the soldier **mit dem** green whiskers came **zur** Scarecrow **und** said:

"Come **mit mir, denn** Oz has sent **nach dir**."

So the Scarecrow followed him **und war** admitted **in den großen** Throne Room, **wo** he saw, sitting **auf dem** emerald throne, a most lovely Lady. She **war** dressed **in** green silk gauze **und** wore **auf** her flowing green locks a crown **aus** jewels. Growing from her shoulders **waren** wings, gorgeous **in** color **und** so light **dass** they fluttered if the slightest breath **von** air reached them.

Als the Scarecrow had bowed, as prettily as his straw stuffing would let him, before this beautiful creature, she **sah** upon him sweetly, **und** said:

"I am Oz, the **Großartige und** Terrible. Who are you, **und** why do you seek me?"

Now the Scarecrow, who had expected to **sehen** the **großen** Head Dorothy had told him of, was much astonished; **aber** he answered her bravely.

"I am only a Scarecrow, stuffed **mit** straw. Therefore I have **keine** brains, **und** I come **zu** you praying **dass** you will put brains **in** my head **statt** straw, so **so dass** I may become as much a man as **jeder** other **in** your dominions."

"Why should I do **dies** for you?" asked the Lady.

"Because you are wise **und** powerful, **und niemand** else can help me," answered the Scarecrow.

"I never grant favors without some return," said Oz; "**aber** this much I will promise. If you will kill **für mich** the Wicked Witch

des Westens, I will bestow upon you **sehr viele** brains, **und** such good brains **dass** you will be the wisest man **im Ganzen Land von** Oz."

"I thought you asked Dorothy to kill the Witch," said the Scarecrow, **verblüfft**.

"So I did. I don't care who kills her. **Aber** until she is dead I will not grant your wish. Now **geh, und** do not seek me again until you have earned the brains you so greatly desire."

The Scarecrow went sorrowfully back **zu** his friends **und** told them what Oz had said; **und** Dorothy **war** surprised to **finden dass** the Great Wizard **war nicht** a Head, as she had seen him, **sondern** a lovely Lady.

"**Genauso**," said the Scarecrow, "she needs **ein Herz** as much as the Tin Woodman."

Am nächsten Morgen the soldier **mit dem** green whiskers came **zum** Tin Woodman **und** said:

"Oz has sent **nach dir**. Follow me."

So the Tin Woodman followed him **und** came **zum großen** Throne Room. He did not know whether he would **finden** Oz a lovely Lady **oder** a Head, **aber** he hoped it would be the lovely Lady. "**Denn**," he said **zu** himself, "if it is the head, I am sure I shall not be given **ein Herz**, since a head has **kein Herz** of its own **und** therefore can not feel **für mich**. **Aber** if it is the lovely Lady I shall beg **hart** for **ein Herz, denn alle** ladies are themselves said to be kindly hearted."

Aber als the Woodman entered the **großen** Throne Room he saw neither the Head **noch** the Lady, **denn** Oz had taken the shape **eines** most terrible Beast. It **war** nearly as **groß** as an elephant, **und** the green throne seemed hardly strong **genug** to hold its weight. The Beast **hatte** a head like **das** of a rhinoceros, only there **waren** five eyes **in** its face. There **waren** five long arms growing **aus** its body, **und** it also **hatte** five long, slim legs. Thick, woolly hair covered every part **davon, und** a more dreadful-looking monster could not be imagined. It **war** fortunate the Tin Woodman **hatte kein Herz zu diesem Zeitpunkt, denn es** would have beat loud **und** fast from terror. **Aber** being only tin, the Woodman **war überhaupt nicht** afraid, although he **war** much disappointed.

"I am Oz, the **Großartige und** Terrible," spoke the Beast, **mit einer Stimme das war** one **großartiger** roar. "Who are you, **und** why do you seek me?"

"I am a Woodman, **und gemacht** of tin. Therefore I have **kein Herz, und** can not love. I pray you to give me **ein Herz damit** I may be as other men are."

"Why should I do **dies**?" demanded the Beast.

"Because I ask it, **und** you alone can grant my request," answered the Woodman.

Oz gave a low growl **dazu, aber** said, gruffly: "If you indeed desire **ein Herz**, you must earn it."

"How?" asked the Woodman.

"Help Dorothy to kill the Wicked Witch **des Westens**," replied the Beast. "**Wenn** the Witch is dead, come **zu** me, **und** I will then give you the biggest **und** kindest **und** most loving **Herz im ganzen Land von** Oz."

So the Tin Woodman **war** forced to return sorrowfully **zu** his friends **und** tell them **von dem** terrible Beast he had seen. They **alle** wondered greatly at the **viele** forms the Great Wizard could take **auf** himself, **und** the Lion said:

"If he is a Beast **wenn** I **gehe** to **sehen** him, I shall roar my loudest, **und** so frighten him **dass** he will grant **alles** I ask. **Und** if he is the lovely Lady, I shall pretend to spring **auf** her, **und** so compel her to do my bidding. **Und** if he is the **große** Head, he will be at my mercy; **denn** I will roll this head all about **das Zimmer bis** he promises to give us what we desire. So be of good cheer, my friends, **denn alles** will yet be well."

The next morning the soldier **mit dem** green whiskers led the Lion **zum großen** Throne Room **und** bade him enter the presence **von** Oz.

The Lion **auf einmal** passed through **die Tür, und** glancing around saw, **zu** his surprise, **dass** before the throne **war** a **Feuerball**, so fierce **und** glowing he could scarcely bear to gaze **darauf**. His first thought **war dass** Oz **hatte aus Versehen** caught on fire **und** was burning up; **aber als** he tried to **gehen** nearer, the heat **war** so intense **dass** it singed his whiskers, **und** he crept back tremblingly **zu** a spot nearer **der Tür**.

Then a low, quiet **Stimme** came **vom Feuerball, und** these **waren** the words it spoke:

"I am Oz, the **Großartige und** Terrible. Who are you, **und** why do you seek me?"

Und the Lion answered, "I am a Cowardly Lion, afraid of everything. I came **zu** you to beg **dass** you give me courage, **so dass** in reality I may become the King **der** Beasts, as men call me."

"Why should I give you courage?" demanded Oz.

"Because **von allen** Wizards you are the greatest, **und** alone have power to grant my request," answered the Lion.

The **Feuerball** burned fiercely **für eine Weile, und die Stimme** said, "Bring me proof **dass** the Wicked Witch is dead, **und in dem Moment** I will give you courage. **Aber** as long as the Witch lives, you must remain a coward."

The Lion **war** angry at this speech, **aber** could say nothing in reply, **und** while he **stand** silently gazing **auf den Feuerball** it became so furiously hot **dass** he turned tail **und** rushed **aus dem Zimmer**. He **war** glad to **finden** his friends waiting **auf ihn, und** told them **von** his terrible interview **mit dem** Wizard.

"What shall we do now?" asked Dorothy sadly.

"There is only one thing we can do," returned the Lion, "**und das** is to **gehen in das Land der** Winkies, seek out the Wicked Witch, **und** destroy her."

"**Aber** suppose we can not?" said **das Mädchen**.

"Then I shall never have courage," declared the Lion.

"**und** I shall never have brains," added the Scarecrow.

"**und** I shall never have **ein Herz**," spoke the Tin Woodman.

"**und** I shall never **sehen** Aunt Em **und** Uncle Henry," said Dorothy, beginning to cry.

"Be careful!" cried the green **Mädchen**. "The tears will fall **auf** your green silk gown **und** spot it."

So Dorothy dried her eyes **und** said, "I suppose we must try it; **aber** I am sure I do not want to kill anybody, **sogar** to **sehen** Aunt Em again."

"I will **gehen mit dir; aber** I am too much of a coward to kill the Witch," said the Lion.

"I will **gehen** too," declared the Scarecrow; "**aber** I shall not be of much help **dir**, I am such a fool."

"I haven't **das Herz** to harm even a Witch," remarked the Tin Woodman; "**aber** if you **gehst** I certainly shall **gehen mit dir**."

Therefore it **war** decided to start upon their journey the next morning, **und** the Woodman sharpened his axe **an einem** green grindstone **und hatte alle** his joints properly oiled. The Scarecrow stuffed himself **mit** fresh straw **und** Dorothy put new paint **auf** his eyes **dass** he might **sehen** better. The green **Mädchen**, who **war** very kind **zu ihnen**, filled Dorothy's basket **mit** good things to eat, **und** fastened a **kleine** bell around Toto's neck **mit einer** green ribbon.

They went **ins Bett** quite early **und** slept soundly **bis** daylight, **als** they **wurden** awakened **durch** the crowing **eines** green cock **das** lived **im** back yard **des** Palace, **und** the cackling **einer** hen **die** had laid a green egg.

weeve
Chapter 11

German	Pronunciation	English
gleichen	klaixən	same
wo	voː	where
Viele	fiːlə	many
wurde	vʊʀdə	were
zum Verkauf	t͡suːm fərkauf	for
von jeder	foːn jeːdɐ	of all
dafür	dɑːfyːʀ	for it
Bart	bɑʀt	beard
großen Raum	kʀoːsən ʀaum	big room
gehe	geːə	go
mussten	mʊstən	had to
nur	nuːʀ	but
außer	ausɐ	except
drei	tʀai	three
auf der Vorderseite	auf dər fɔʀdərsaitə	at the front
Bett	bɛt	bed
In	iːn	in
zu Hause	t͡suː hausə	at home

81

weeve
Chapter II

German	Pronunciation	English
der Türöffnung	dər tyːʀœfnʊŋk	the doorway
in einer Minute	iːn ainəʀ miːnuːtə	in a minute
gehen	geːən	go
Tür	tyːʀ	door
Dach	dɑːx	roof
Boden	boːdən	floor
des Daches	deːs dɑːxeːs	of the roof
irgendwelche	ɪʀgəntvɛlxə	any
Großartige	kʀoːsaʀtiːgə	great
um Hilfe	uːm hɪlfə	for help
Woher	voːɐ	where
Großartiger	kʀoːsaʀtiːgɐ	great
warst	vaʀst	were
kein	kain	no
Selbst wenn	zɛlbst vənn	even if
Großartig	kʀoːsaʀtiːk	great
geh	geː	go
keine	kainə	no
jeder	jeːdɐ	any

weeve
Chapter 11

German	Pronunciation	English
niemand	niːmant	no one
sondern	zɔndəʀn	but
Genauso	gənausoː	all the same
hart	haʀt	hard
zu diesem Zeitpunkt	t͡suː diːseːm tsaɪtpʊŋkt	at that moment
großartiger	kʀoːsaʀtiːgɐ	great
damit	dɑːmiːt	that
bis	biːs	until
Feuerball	foːyːəʀbal	ball of fire
aus Versehen	aus fəʀseːən	by accident
vom	foːm	from the
das Mädchen	dɑːs mæːtxən	the girl
Mädchen	mæːtxən	girl
gehst	gɛst	go
kleine	klaɪnə	little

12

THE SEARCH FOR THE WICKED WITCH

> "Language acquisition does not require extensive use of conscious grammatical rules, and does not require tedious drill." – Stephen Krashen, expert in linguistics at University of Southern California

The soldier **mit dem** green whiskers led them through the streets **der** Emerald City **bis** they reached **das Zimmer wo** the Guardian **des** Gates lived. This officer unlocked their spectacles to put them back **in** his **große** box, **und** then he politely opened the gate **für** our friends.

"<u>**Welche**</u> road leads **zur** Wicked Witch **des Westens**?" asked Dorothy.

"There is **keine** road," answered the Guardian **des** Gates. "**Niemand** ever wishes to **gehen** that way."

"How, then, are we to **finden** her?" inquired **das Mädchen**.

"**Das** will be easy," replied the man, "**denn wenn** she knows you are **im Land der** Winkies she will **finden** you, **und** make you **alle** her slaves."

"Perhaps **nicht**," said the Scarecrow, "**denn** we mean to destroy her."

"Oh, **das** is different," said the Guardian **des** Gates. "**Niemand** has ever destroyed her before, so I naturally thought she would make slaves **aus euch**, as she has **aus** the rest. **Aber** take care; **denn** she is wicked **und** fierce, **und** may not allow you to destroy her. Keep **zum** West, **wo die Sonne** sets, **und** you can not fail to

finden her."

They thanked him **und** bade him good-bye, **und** turned toward the West, walking over fields **von** soft **Gras** dotted here **und** there **mit** daisies **und** buttercups. Dorothy **immer noch** wore the pretty silk dress she had put **an im** palace, **aber** now, **zu** her surprise, she found it **war nicht** longer green, **sondern** pure white. The ribbon around Toto's neck had also lost its green **Farbe** and **war** as white as Dorothy's dress.

The Emerald City **war** soon left far behind. As they advanced **der Boden** became rougher **und** hillier, **denn** there **waren keine** farms **noch** houses **in diesem Land des Westens, und der Boden war** untilled.

Am afternoon **die Sonne** shone hot **in** their faces, for there **waren keine** trees to offer them shade; **so dass** before **Nacht** Dorothy **und** Toto **und** the Lion **waren** tired, **und** lay **nieder auf das Gras und** fell asleep, **mit dem** Woodman **und** the Scarecrow keeping watch.

Now the Wicked Witch **des Westens hatte nur** one eye, yet **das war** as powerful as a telescope, **und** could **sehen** everywhere. So, as she sat **in der Tür ihres** castle, she happened to look **herum** and saw Dorothy lying asleep, **mit** her friends **alle** about her. They **waren** a long distance off, **aber** the Wicked Witch **war** angry to **finden** them **in** her **Land**; so she blew **auf** a silver whistle **das** hung **um** her neck.

Auf einmal there came running **zu** her **aus allen Richtungen** a pack **von großen** wolves. They **hatten** long legs **und** fierce eyes **und** sharp teeth.

"**Geht zu den** people," said the Witch, "**und** tear them **zu** pieces."

"Are you **nicht** going to make them your slaves?" asked the leader **der** wolves.

"**Nein**," she answered, "one is **aus** tin, **und** one **aus** straw; one is **ein Mädchen und ein weiterer** a Lion. **Keiner von ihnen** is fit to work, so you may tear them into **kleine** pieces."

"Very well," said the wolf, **und** he dashed away at full speed, followed **von** the others.

It **war** lucky the Scarecrow **und** the Woodman **waren** wide awake **und** heard the wolves coming.

"**Dies** is my fight," said the Woodman, "so get behind me **und** I will meet them as they come."

He seized his axe, **die** he **hatte gemacht** very sharp, **und** as the leader **der** wolves came **auf den** Tin Woodman swung his arm **und** chopped the wolf's head from its body, **so dass** it immediately died. As soon as he could raise his axe **ein weiterer** wolf came up, **und** he also fell under the sharp <u>**Kante**</u> **des** Tin Woodman's weapon. There **waren** forty wolves, **und** forty times a wolf **war** killed, **so dass** at last they **alle** lay dead **in** a heap before the Woodman.

Then he put **nieder** his axe **und** sat beside the Scarecrow, who said, "It **war** a good fight, friend."

They waited **bis** Dorothy awoke the next morning. The **kleine Mädchen war** quite frightened **als** she saw the **großen** pile of shaggy wolves, **aber** the Tin Woodman told her **alles**. She thanked him **für** saving them **und** sat **nieder zum** breakfast, after **welchem** they started again upon their journey.

Now **am gleichen Morgen** the Wicked Witch came **zur Tür ihres** castle **und sah** out **mit ihrem** one eye **das** could **sehen** far off. She saw **alle** her wolves lying dead, **und** the strangers **dennoch** traveling through her **Land. Dies machte** her angrier than before, **und** she blew her silver whistle twice.

Straightway a **große** flock **von** wild crows came flying toward her, **genug** to darken **den Himmel**.

Und the Wicked Witch said **zum** King Crow, "Fly **auf einmal zu** the strangers; peck out their eyes **und** tear them **zu** pieces."

The wild crows flew **in** one **großen** flock toward Dorothy **und** her companions. **Als** the **kleine Mädchen** saw them coming she **war** afraid.

Aber the Scarecrow said, "**Dies** is my battle, so lie **runter** beside me **und** you will not be harmed."

So they **alle** lay **auf dem Boden außer** the Scarecrow, **und** he **stand** up **und** stretched out his arms. **und als** the crows saw him they **waren** frightened, as these birds always are by scarecrows, **und** did not dare to come any nearer. **Aber** the King Crow said:

"It is only a stuffed man. I will peck his eyes out."

The King Crow flew **auf die** Scarecrow, who caught it **am** head **und** twisted its neck **bis** it died. **und** then **ein weiterer** crow flew <u>**auf**</u> him, **und** the Scarecrow twisted its neck also. There **waren** forty crows, **und** forty times the Scarecrow twisted a neck, **bis schließlich alle** were lying dead beside him. Then he **rief** to his companions to rise, **und** again they went upon their journey.

Als the Wicked Witch **sah** out again **und** saw **all** her crows lying **in** a heap, she got **in eine** terrible rage, **und** blew **drei** times **auf** her silver whistle.

Forthwith there **wurde** heard a **großes** buzzing **in der** air, **und** a swarm **von** black bees came flying toward her.

"**Geht zu** the strangers **und** sting them **zu** death!" commanded the Witch, **und** the bees turned **und** flew rapidly **bis** they came to where Dorothy **und** her friends were walking. **Aber** the Woodman had seen them coming, **und** the Scarecrow had decided what to do.

"Take out my straw **und** scatter it over the **kleine Mädchen und** the dog **und** the Lion," he said **zum** Woodman, "**und** the bees can not sting them." This the Woodman did, **und** as Dorothy lay close beside the Lion **und** held Toto **in ihren Armen**, the straw covered them entirely.

The bees came **und** found **niemand außer** the Woodman to sting, so they flew **zu** him **und** broke off **alle** their stings against the tin, without hurting the Woodman **überhaupt**. **und** as bees can not live **wenn** their stings are broken **das war das Ende der** black bees, **und** they lay scattered thick about the Woodman, like **kleine** heaps **von** fine coal.

Then Dorothy **und** the Lion got up, **und das Mädchen** helped the Tin Woodman put the straw back **in die** Scarecrow again, **bis** he **war** as good as ever. So they started upon their journey once more.

The Wicked Witch **war** so angry **als** she saw her black bees **in kleinen** heaps like fine coal **dass** she stamped her foot **und** tore her hair **und** gnashed her teeth. **und** then she **rief** a dozen **ihrer** slaves, who **waren** the Winkies, **und** gave them sharp spears, telling them to **gehen zu** the strangers **und** destroy them.

The Winkies **waren** not a brave people, **aber** they **mussten** do as they were told. So they marched away **bis** they came near **zu** Dorothy. Then the Lion gave a **großen** roar **und** sprang towards them, **und** the poor Winkies **waren** so frightened **dass** they ran back as fast as they **konnten**.

Als they returned **zum** castle the Wicked Witch beat them well **mit** a strap, **und** sent them back **zu** their work, after **welchem** she sat **nieder** to think what she should do next. She **konnte** not understand how **alle** her plans to destroy these strangers had failed; **aber** she **war** a powerful Witch, as well as a wicked one, **und** she soon made up her mind how to act.

There **war**, **in** her **Schrank**, a Golden Cap, **mit** a circle **aus** diamonds **und** rubies running round it. This Golden Cap **hatte** a charm. Whoever owned it **konnte** call **drei** times upon the Winged Monkeys, who would obey **jedem** order they were given. **Aber keine** person **konnte** command these strange creatures more than **drei** times. Twice already the Wicked Witch had used the charm **der** Cap. Once **war als** she **hatte gemacht** the Winkies her slaves, **und** set herself to rule over their **Land**. The Winged Monkeys had helped her do **dies**. The second time **war als** she had fought against the Great Oz himself, **und** driven him **aus dem Land des Westens**. The Winged Monkeys had also helped her in doing **dies**. Only once more **könnte** she use this Golden Cap, **für welchen** reason she did not like to do so **bis all** her other powers **waren** exhausted. **Aber jetzt, wo** her fierce wolves **und** her wild crows **und** her stinging bees **waren** gone, **und** her slaves had been scared away **vom** Cowardly Lion, she saw there **war** only one way left to destroy Dorothy **und** her friends.

So the Wicked Witch took the Golden Cap **aus ihrem Schrank und** placed it **auf** her head. Then she **stand** upon her left foot **und** said slowly:

"Ep-pe, pep-pe, kak-ke!"

Next she **stand** upon her right foot **und** said:

"Hil-lo, hol-lo, hel-lo!"

Hiernach she **stand** upon both feet **und** cried **mit einer** loud **Stimme**:

"Ziz-zy, zuz-zy, zik!"

Now the charm began to work. **Der Himmel war** darkened, **und** a low rumbling sound **war** heard **in der** air. There **war** a rushing **von vielen** wings, a **großes** chattering **und** laughing, **und die Sonne** came **aus dem dunklen Himmel** to show the Wicked Witch surrounded **von** a crowd **von** monkeys, each **mit** a pair **von** immense **und** powerful wings **an** his shoulders.

One, much bigger than the others, seemed to be their leader. He flew close **zum** Witch **und** said, "You have **gerufen** us **zum** third **und** last time. What do you command?"

"**Geht zu** the strangers who are within my **Land und** destroy them **alle außer** the Lion," said the Wicked Witch. "Bring **das** beast **zu** me, for I have a mind to harness him like a horse, **und** make him work."

"Your commands shall be obeyed," said the leader. Then, **mit viel** of chattering **und** noise, the Winged Monkeys flew away **zum** place **wo** Dorothy **und** her friends were walking.

Some **der** Monkeys seized the Tin Woodman **und trugen** him through the air **bis** they **waren** over **ein Land** thickly covered **mit** sharp rocks. Here they dropped the poor Woodman, who fell a **große** distance **zu** the rocks, **wo** he lay so battered **und** dented **dass** he **konnte** neither move **noch** groan.

Others **der** Monkeys caught the Scarecrow, **und mit** their long fingers pulled all of the straw **aus** his clothes **und** head. They **machten** his hat **und** boots **und** clothes **in einen kleinen** bundle **und** threw it **in die** top branches **eines** tall **Baumes**.

The remaining Monkeys threw pieces of stout rope **um den** Lion **und** wound **viele** coils about his body **und** head **und** legs, **bis** he **war** unable to bite **oder** scratch **oder** struggle <u>**auf irgendeine Weise**</u>. Then they lifted him up **und** flew away **mit ihm** to the Witch's castle, **wo** he **war** placed **in einen kleinen** yard **mit einem** high iron fence <u>**drum herum**</u>, so **dass** he **konnte nicht** escape.

Aber Dorothy they did not harm **überhaupt**. She **stand, mit** Toto **in ihren Armen**, watching the sad fate **ihrer** comrades **und** thinking it would soon be her turn. The leader **der** Winged Monkeys flew up **zu** her, his long, hairy arms stretched out **und** his ugly face grinning terribly; **aber** he saw the mark of the Good Witch's kiss **auf** her forehead **und** stopped short, motioning the others **nicht** to touch her.

"We dare not harm this **kleine Mädchen**," he said **zu** them, "**denn** she is protected **durch die** Power **des** Good, **und das** is greater than the Power **des** Evil. <u>**Alles**</u> we can do is to carry her **zum** castle **der** Wicked Witch **und** leave her there."

So, carefully **und** gently, they lifted Dorothy **in ihrem Armen und trugen** her swiftly through the air **bis** they came **zum** castle, **wo** they set her **nieder auf** the front doorstep. Then the leader said **zur** Witch:

"We have obeyed you as far as we **waren** able. The Tin Woodman **und** the Scarecrow are destroyed, **und** the Lion is tied up **in** your yard. The **kleine Mädchen** we dare **nicht** harm, **noch** the dog she carries **in ihren Armen**. Your power over our band is now ended, **und** you will never **sehen** us again."

Then **all** the Winged Monkeys, **mit** much laughing **und** chattering **und** noise, flew into the air **und waren** soon **außer** sight.

The Wicked Witch **war** both surprised **und** worried **als** she saw the mark **auf** Dorothy's forehead, **denn** she knew well **dass** neither the Winged Monkeys **noch** she, herself, dare hurt **das Mädchen auf irgendeine Weise**. She **sah** down **zu** Dorothy's feet, **und** seeing the Silver Shoes, began to tremble with fear, **denn** she knew what a powerful charm belonged **ihnen**. **Anfangs** the Witch **war** tempted to run away from Dorothy; **aber** she happened to look into the child's eyes **und** saw how simple the soul behind them **war, und dass** the **kleine Mädchen** did not know **von der** wonderful power the Silver Shoes gave her. So the Wicked Witch laughed to herself, **und** thought, "I can **immer noch** make her my slave, **denn** she does not know how to use her power." Then she said **zu** Dorothy, harshly **und** severely:

"Come **mit mir; und** <u>**schau**</u> **dass** you mind everything I tell you, **denn** if you do **nicht** I will make an end of you, as I did of the Tin Woodman **und** the Scarecrow."

Dorothy followed her through **viele der** beautiful rooms **in** her castle **bis** they came **zur** kitchen, **wo** the Witch bade her clean the pots **und** kettles **und** sweep **den Boden und** keep the fire fed **mit** wood.

Dorothy went to work meekly, **mit** her mind made up to work as **hart** as she **konnte**; **denn** she **war** glad the Wicked Witch had decided **nicht** to kill her.

mit Dorothy **hart bei der Arbeit**, the Witch thought she would **gehen** into the courtyard **und** harness the Cowardly Lion like a horse; it would amuse her, she **war** sure, to make him draw her chariot **wann auch immer** she wished to go to drive. **Aber** as she opened the gate the Lion gave a loud roar **und** bounded **auf** her so fiercely **dass** the Witch was afraid, **und** ran out **und** shut the gate again.

"If I can not harness you," said the Witch **zum** Lion, speaking through the bars **des** gate, "I can starve you. You shall have nothing to eat **bis** you do as I wish."

So after **danach** she took **kein** food **zum** imprisoned Lion; **aber jeden Tag** she came **zum** gate **mittags und** asked, "Are you ready to be harnessed like a horse?"

Und the Lion would answer, "**Nein**. If you come **in** this yard, I will bite you."

The reason the Lion did not have to do as the Witch wished **war dass jede Nacht**, while the woman was asleep, Dorothy **trug** him food **aus dem Schrank**. After he had eaten he would lie **nieder auf** his **Bett aus** straw, **und** Dorothy would lie beside him **und** put her head **auf** his soft, shaggy mane, while they talked **von** their troubles **und** tried to plan some way to escape. **Aber** they **konnten keinen Weg finden** to get **aus** the castle, **denn es war** constantly guarded **von den** yellow Winkies, who **waren** the slaves **der** Wicked Witch **und** too afraid of her not to do as she told them.

Das Mädchen musste work **hart** during the day, **und** often the Witch threatened to beat her **mit dem gleichen** old umbrella she always **trug** in her hand. **Aber, in** truth, she did not dare to strike Dorothy, **wegen** the mark **auf** her forehead. The child did not know **dies, und war** full **voller** fear for herself **und** Toto. **Einmal** the Witch struck Toto a blow **mit** her umbrella **und** the brave **kleine** dog flew **auf** her **und** bit her leg **im Gegenzug**. The Witch did not bleed **wo** she **war** bitten, **denn** she **war** so wicked **dass** the blood **in** her had dried up **viele** years before.

Dorothy's life became very sad as she grew to understand **dass** it would be harder than ever to get back **nach** Kansas **und** Aunt Em again. Sometimes she would cry bitterly **stundenlang**, **mit** Toto sitting **zu** her feet **und** looking into her face, whining dismally to show how sorry he was for his **kleine** mistress. Toto did not really care whether he **war in** Kansas **oder** the Land **von** Oz so long as Dorothy **war mit ihm**; **aber** he knew the **kleine Mädchen war** unhappy, **und das machte** him unhappy too.

Jetzt the Wicked Witch **hatte** a **großes** longing to have for her own the Silver Shoes **die das Mädchen** always wore. Her bees **und** her crows **und** her wolves were lying **haufenweise und** drying up, **und** she had used up **all** the power **des** Golden Cap; **aber** if she **könnte** only get hold of the Silver Shoes, they would give her more power than **all** the other things she had lost. She watched Dorothy carefully, to **sehen** if she ever took off her shoes, thinking she might steal them. **Aber** the child **war** so proud **auf ihre** pretty shoes **dass** she never took them off **außer in der Nacht und als** she took her bath. The Witch was too much afraid **vor der Dunkelheit** to dare **gehen in** Dorothy's **Zimmer in der Nacht** to take the shoes, **und** her dread **vor** water **war** greater than her fear **vor der Dunkelheit**, so she never came near **wenn** Dorothy was bathing. Indeed, the old Witch never touched water, **noch** ever let water touch her **auf irgendeine Weise**.

Aber the wicked creature **war** very cunning, **und** she finally thought of a trick **das** would give her what she wanted. She placed a bar **aus** iron **in der Mitte des Küchenbodens, und** then **durch** her magic arts made the iron invisible to human eyes. **So dass** when Dorothy walked across **den Boden** she stumbled over the bar, **nicht** being able to **sehen** it, **und** fell **in voller Länge**. She **war nicht** much hurt, **aber in** her fall **eine der** Silver Shoes came off; **und** before she **konnte** reach it, the Witch had snatched it **weg** and put it on her own skinny foot.

The wicked woman **war** greatly pleased **mit** the success **ihres** trick, **denn** as long as she **hatte eins der** shoes she owned half the power **ihres** charm, **und** Dorothy **konnte** not use it against her, **auch** had she known how to do so.

The **kleine Mädchen**, seeing she had lost **eins ihrer** pretty shoes, grew angry, **und** said **zu der** Witch, "Give me back my shoe!"

"I will not," retorted the Witch, "**denn es** is **jetzt** my shoe, **und nicht** yours."

"You are a wicked creature!" cried Dorothy. "You have **kein** right to take my shoe **von mir**."

"I shall keep it, **trotzdem**," said the Witch, laughing at her, "**und** someday I shall get the other one **von dir**, too."

Dies machte Dorothy so very angry **dass** she picked up the bucket of water **das stand** near **und** dashed it over the Witch, wetting her from head **zu** foot.

Instantly the wicked woman gave a loud cry of fear, **und** then, as Dorothy **sah** at her **staunend**, the Witch began to shrink **und** fall away.

"**Schau** what you have done!" she screamed. "**In einer Minute** I shall melt **weg**."

"I am very sorry, indeed," said Dorothy, who **war** truly frightened to **sehen** the Witch actually melting **weg** like brown sugar before her very eyes.

"Didn't you know water would be the end **von mir**?" asked the Witch, **mit einer** wailing, despairing **Stimme**.

"**Selbstverständlich nicht**," answered Dorothy. "How should I?"

"Well, **in ein paar Minuten** I shall be **ganz** melted, **und** you will have the castle to yourself. I have been wicked **in** my day, **aber** I never thought a **kleines Mädchen** like you would ever be able to melt me **und** end my wicked deeds. Look out — here I **gehe**!"

Mit these words the Witch fell **runter in einer** brown, melted, shapeless **Masse** and began to spread over the clean boards **des Küchenbodens**. Seeing **dass** she had really melted **weg zu** nothing, Dorothy drew **einen weiteren** bucket of water **und** threw it over the mess. She then swept it **alles aus der Tür**. After picking out the silver shoe, **welches war alles das** was left **von der** old woman, she cleaned **und** dried it **mit** a cloth, **und** put it on her foot again. Then, being **schließlich** free to do as she chose, she ran **raus zum** courtyard to tell the Lion **dass** the Wicked Witch **des Westens** had come **zu** an end, **und dass** they **waren nicht** longer prisoners **in einem** strange **Land**.

weeve
Chapter 12

German	Pronunciation	English
Welche	vɛlxə	which
Gras	krɑːs	grass
nicht	nɪxt	no
Farbe	faʀbə	color
herum	həruːm	around
um	uːm	around
Geht	geːt	go
Nein	nain	no
ein weiterer	ain vaitəʀɐ	another
Kante	kantə	edge
zum	t͡suːm	to
auf	auf	at
zu	t͡suː	at
kleinen	klainən	little
konnten	kɔntən	could
konnte	kɔntə	could
Schrank	ʃʀaŋk	cupboard
jedem	jeːdeːm	any
könnte	kœntə	could

weeve
Chapter 12

German	Pronunciation	English
für welchen	fyːʀ vɛlxən	for which
Hiernach	hɪrnɑːx	after this
vielen	fiːlən	many
dunklen	dʊŋklən	dark
Himmel	hɪmeːl	sky
gerufen	gəruːfən	called
Land	lant	land
kleinen	klainən	small
Baumes	baumeːs	tree
auf irgendeine Weise	auf ɪrgəndaineː vaisə	in any way
drum herum	tʀuːm həruːm	around it
des	deːs	of
Alles	aleːs	all
schau	ʃau	see
danach	dɑːnɑːx	after that
mittags	mɪtags	at noon
jede Nacht	jeːdeː naxt	every night
wegen	veːgən	because of

weeve
Chapter 12

German	Pronunciation	English
voller	fɔlɐ	full of
Einmal	aınmɑːl	once
stundenlang	ʃtʊndənlaŋk	for hours
Jetzt	jɛt͡st	now
haufenweise	haufənvaisə	in heaps
vor	foːʀ	of
Küchenbodens	kyːxənboːdəns	kitchen floor
in voller Länge	iːn fɔlɐr læːŋə	at full length
weg	veːk	away
jetzt	jɛt͡st	now
trotzdem	tʀɔt͡sdeːm	just the same
Schau	ʃau	see
Masse	masə	mass

13
THE RESCUE

> Paul Nation, internationally recognized scholar in linguistics, proposes that we pick up most words after reading them in context 12 to 15 times. Sometimes we need only read a word 2 times, but sometimes it takes 30 times- it just depends.

The Cowardly Lion **war** much pleased to hear **dass** the Wicked Witch had been melted **durch** a bucket of water, **und** Dorothy **auf einmal** unlocked the gate **seines** his prison **und** set him free. They went **rein** together **zum** castle, **wo** Dorothy's first act **war** to call **all die** Winkies together **und** tell them **dass** they **waren nicht** longer slaves.

There **war großes** rejoicing among the yellow Winkies, **denn** they **waren gemacht worden** to work **hart** during **viele** years **für die** Wicked Witch, who had always treated them **mit großer** cruelty. They kept this day **als** a holiday, then **und** ever after, **und** spent the time in feasting **und** dancing.

"If our friends, the Scarecrow **und** the Tin Woodman, were only **mit** us," said the Lion, "I should be quite happy."

"Don't you suppose we **könnten** rescue them?" asked **das Mädchen** anxiously.

"We can try," answered the Lion.

So they **riefen** the yellow Winkies **und** asked them if they would help to rescue their friends, **und** the Winkies said **dass** they would be delighted to do **alles in ihrer** power **für** Dorothy, who had set them free from bondage. So she chose a number **der** Winkies who **sahen aus** as if they knew the most, **und** they **alle** started away. They traveled **an dem Tag und** part **des** next **bis** they came **zum** rocky plain **wo** the Tin Woodman lay, **ganz** battered **und** bent. His axe **war** near him, **aber** the blade **war** rusted **und** the handle broken off short.

The Winkies lifted him tenderly **in ihren Armen, und trugen** him back **zum** Yellow Castle again, Dorothy shedding **ein paar** tears **nebenbei bei dem** sad plight **ihres** old friend, **und** the Lion looking sober **und** sorry. **Als** they reached the castle Dorothy said **zu den** Winkies:

"Are **irgendwelche eurer** people tinsmiths?"

"Oh, yes. Some **von** us are very good tinsmiths," they told her.

"Then bring them **zu mir**," she said. **Und als** the tinsmiths **kamen**, bringing **mit ihnen alle** their tools **in** baskets, she inquired, "Can you straighten out **diese** dents **in dem** Tin Woodman, **und** bend him back into shape again, **und** solder him together **wo** he is broken?"

The tinsmiths **sahen** the Woodman over carefully **und** then answered **dass** they thought they **könnten** mend him so he would be **so** good **wie** ever. So they set to work **in einem der großen** yellow rooms **des** castle **und** worked **für drei** days **und vier** nights, hammering **und** twisting **und** bending **und** soldering **und** polishing **und** pounding **an** the legs **und** body **und** head **des** Tin Woodman, **bis schließlich** he **war** straightened out into his old form, **und** his joints worked **so** well **wie** ever. To be sure, there **waren** several patches **an** him, **aber** the tinsmiths did a good job, **und weil der** Woodman **war nicht** a vain man he did not mind the patches **überhaupt**.

Als, schließlich, he walked into Dorothy's **Zimmer und** thanked her **für** rescuing him, he **war** so pleased **dass** he wept tears **der Freude, und** Dorothy **musste** wipe **jede** tear carefully from his face **mit** her apron, so his joints would not be rusted. **Zur gleichen Zeit** her own tears fell thick **und** fast **bei der Freude** of meeting her old friend again, **und** these tears did not need to be wiped **weg**. As for the Lion, he wiped his eyes so often **mit** the tip **seines** tail **dass** it became quite wet, **und** he **war** obliged to **gehen** out into the courtyard **und** hold it **in der Sonne bis** it dried.

"If we only **hätten** the Scarecrow **mit** us again," said the Tin Woodman, **als** Dorothy had finished telling him everything **was** had happened, "I should be quite happy."

"We must try to **finden** him," said **das Mädchen**.

So she **rief** the Winkies to help her, **und** they walked **alle an**

dem Tag und part **des** next **bis** they **kamen** to the tall **Baum in** the branches **von welchem** the Winged Monkeys had tossed the Scarecrow's clothes.

It **war** a very tall **Baum, und** the trunk **war so** smooth **dass** no one **konnte** climb it; **aber** the Woodman said **auf einmal**, "I will chop it **nieder, und** then we can get the Scarecrow's clothes."

Jetzt while the tinsmiths **waren bei der Arbeit** mending the Woodman himself, **ein weiterer der** Winkies, who **war** a goldsmith, **hatte gemacht** an axe-handle **aus** solid gold **und** fitted it to the Woodman's axe, **anstelle des** old broken handle. Others polished the blade **bis all** the rust **war** removed **und** it glistened like burnished silver.

Sobald he had spoken, the Tin Woodman began to chop, **und in einer** short time **der Baum** fell over **mit** a crash, whereupon the Scarecrow's clothes fell **aus den** branches **und** rolled off **auf dem Boden**.

Dorothy picked them up **und hatten** the Winkies carry them back **zum** castle, **wo** they **waren** stuffed **mit** nice, clean straw; **und** behold! here **war** the Scarecrow, **so gut wie** ever, thanking them over **und** over again for saving him.

Jetzt, wo they **waren** reunited, Dorothy **und** her friends spent **ein paar** happy days **im** Yellow Castle, **wo** they found everything they needed to make them comfortable.

Aber one day **das Mädchen** thought **über** Aunt Em, **und** said, "We must **gehen** back **zu** Oz, **und** claim his promise."

"Yes," said the Woodman, "**schließlich** I shall get my **Herz**."

"**und** I shall get my brains," added the Scarecrow joyfully.

"**und** I shall get my courage," said the Lion thoughtfully.

"**und** I shall get back **nach** Kansas," cried Dorothy, clapping her hands. "Oh, let us start **für die** Emerald City tomorrow!"

Dies they decided to do. The next day they **riefen** the Winkies together **und** bade them good-bye. The Winkies were sorry to have them **gehen, und** they had grown **so** fond of the Tin Woodman **dass** they begged him to stay **und** rule over them **und** the Yellow Land **des Westens**. Finding they **waren** determined to **gehen**, the Winkies gave Toto **und** the Lion each a golden collar; **und zu** Dorothy they presented a beautiful bracelet studded **mit** diamonds; **und zum** Scarecrow they gave a gold-headed walking stick, to keep him from stumbling; **und zum** Tin Woodman they offered a silver oil-can, inlaid **mit** gold **und** set **mit** precious jewels.

Jeder der travelers **machte** the Winkies a pretty speech **im**

Gegenzug, und alle shook hands **mit ihnen bis** their arms ached.

Dorothy went to the Witch's **Schrank** to fill her basket **mit** food **für** the journey, **und** there she saw the Golden Cap. She tried it **an** her own head **und** found **dass** it fitted her exactly. She did not know anything about the charm **der** Golden Cap, **aber** she saw **dass** it **war** pretty, **so** she made up her mind to wear it **und** carry her sunbonnet **in** the basket.

Then, being prepared **für** the journey, they **alle** started **für die** Emerald City; **und** the Winkies gave them **drei** cheers **und viele** good wishes to carry **mit ihnen**.

weeve
Chapter 13

German	Pronunciation	English
waren gemacht worden	vɑːʀən geːmaxt vɔʀdən	had been made
als	als	as
könnten	kœntən	could
riefen	ʀiːfən	called
nebenbei	neːbənbai	by the way
eurer	oːyːʀɐ	of your
kamen	kɑːmən	came
diese	diːsə	those
so	zoː	as
wie	viːə	as
an	ɑːn	at
weil der	vail dɐ	as the
der Freude	dəʀ fʀoːyːdə	of joy
jede	jeːdə	every
hätten	hæːtən	had
was	vɑːs	that
So	zoː	so
so	zoː	so

weeve
Chapter 13

German	Pronunciation	English
anstelle des	anstɛle: de:s	instead of the
Sobald	zo:balt	as soon as
so gut wie	zo: gu:t vi:ə	as good as

14
THE WINGED MONKEYS

"Vocabulary is no different than any other system or part of language, we acquired it the same way, by understanding messages, by reading them or by listening to them." – Jeff McQuillan, senior researcher at Center for Educational Development, Inc.

You will remember there **war keine** road — **nicht einmal** a pathway — between the castle **der** Wicked Witch **und** the Emerald City. **Als** the **vier** travelers went **auf der Suche nach der** Witch she had seen them coming, **und so** sent the Winged Monkeys to bring them **zu** her. It **war** much harder to **finden** their way back **durch** the **großen** fields of buttercups **und** yellow daisies than it was being **getragen**. They knew, **selbstverständlich**, they must **gehen** straight east, toward the rising **Sonne**; **und** they started off **in der** right way. **Aber am** noon, **als die Sonne war** over their heads, they did not know **welches war** east **und welches war** west, **und das war** the reason they **waren** lost **in dem großen** fields. They kept on walking, however, **und in der Nacht** the moon **kam** out **und** shone brightly. **So** they lay **nieder** among the sweet smelling yellow flowers **und** slept soundly **bis zum Morgen** — **alle außer** the Scarecrow **und** the Tin Woodman.

The next **Morgen die Sonne war** behind a cloud, **aber** they started on, **als ob** they **waren** quite sure **welchen** way they were going.

"If we walk far **genug**," said Dorothy, "I am sure we shall sometime come **zu** some place."

Aber Tag für Tag verging, **und** they **immer noch** saw nothing before them **außer** the scarlet fields. The Scarecrow began to grumble a bit.

"We have surely lost our way," he said, "**und** unless we **finden** it again **rechtzeitig** to reach the Emerald City, I shall never get my brains."

"**Noch** I my **Herz**," declared the Tin Woodman. "It seems **mir** I can scarcely wait **bis** I get **zu** Oz, **und** you must admit **dies** is a very long journey."

"You **seht**," said the Cowardly Lion, **mit** a whimper, "I haven't the courage to keep tramping forever, without getting anywhere **überhaupt**."

Then Dorothy lost **Herz**. She sat **nieder auf das Gras und sah** at her companions, **und** they sat **nieder und sahen** at her, **und** Toto found **dass** for the first time **in** his life he **war** too tired to chase a butterfly **die** flew past his head. **So** he put out his tongue **und** panted **und sah** at Dorothy **als ob** to ask what they should do next.

"Suppose we call the field mice," she suggested. "They **könnten** probably tell us the way **zur** Emerald City."

"To be sure they **könnten**," cried the Scarecrow. "Why didn't we think **daran** before?"

Dorothy blew the **kleine** whistle she had always **getragen** about her neck since the Queen **der** Mice had given it **ihr**. **In ein paar Minuten** they heard the pattering **von** tiny feet, **und viele der kleinen grauen** mice **kamen** running up **zu** her. Among them **war** the Queen herself, who asked, **mit** her squeaky **kleine Stimme**:

"What can I do **für** my friends?"

"We have lost our way," said Dorothy. "Can you tell us **wo** the Emerald City is?"

"Certainly," answered the Queen; "**aber** it is a **großes** way off, **für euch** have had it at your backs **all die Zeit**." Then she noticed Dorothy's Golden Cap, **und** said, "Why don't you use the charm **der** Cap, **und** call the Winged Monkeys **zu** you? They will carry you **zu der** City **von** Oz **in** less than an hour."

"I didn't know there **war** a charm," answered Dorothy, **verblüfft**. "What is it?"

"It is written inside the Golden Cap," replied the Queen **der Mäuse**. "**Aber** if you are going to call the Winged Monkeys we must run **weg**, **denn** they are full **von** mischief **und** think it **großes** fun to plague us."

"Won't they hurt me?" asked **das Mädchen** anxiously.

"Oh, **nein**. They must obey the wearer **der** Cap. Good-bye!" **Und** she scampered **außer Sicht**, **mit all den Mäusen** hurrying after her.

Dorothy **sah** inside the Golden Cap **und** saw some words written **auf** the lining. These, she thought, must be the charm, **so** she read **die Richtungen** carefully **und** put the Cap **auf** her head.

"Ep-pe, pep-pe, kak-ke!" she said, standing **auf** her left foot.

"What did you say?" asked the Scarecrow, who did not know what she was doing.

"Hil-lo, hol-lo, hel-lo!" Dorothy went on, standing this time **auf** her right foot.

"Hello!" replied the Tin Woodman calmly.

"Ziz-zy, zuz-zy, zik!" said Dorothy, who was **jetzt** standing **auf** both feet. **Dies** ended the saying **des** charm, **und** they heard a **großes** chattering **und** flapping **von** wings, **als** the band **der** Winged Monkeys flew up **zu** them.

The King bowed low before Dorothy, **und** asked, "What is your command?"

"We wish to **gehen zu der** Emerald City," said the child, "**und** we have lost our way."

"We will carry you," replied the King, **und nicht** sooner had he spoken than two **der** Monkeys caught Dorothy **in ihren Armen und** flew **weg mit ihr**. Others took the Scarecrow **und** the Woodman **und** the Lion, **und** one **kleiner** Monkey seized Toto **und** flew after them, although the dog tried hard to bite him.

The Scarecrow **und** the Tin Woodman **waren** rather frightened **anfangs**, **denn** they remembered how badly the Winged Monkeys had treated them before; **aber** they saw **dass** no harm **war** intended, **so** they rode **durch** the air quite cheerfully, **und hatten** a fine time looking **auf die hübschen** gardens **und** woods far below them.

Dorothy found herself riding easily between two **der** biggest Monkeys, **einer von ihnen** the King himself. They **hatten gemacht** a chair **aus** their hands **und waren** careful **nicht** to hurt her.

"Why do you have to obey the charm **der** Golden Cap?" she asked.

"**Das** is a **lange** story," answered the King, **mit einem** winged laugh; "**aber da** we have a **lange** journey before us, I will pass the time **durch** telling you about it, if you wish."

"I shall be glad to hear it," she replied.

"**Einst**," began the leader, "we **waren** a free people, living happily **in dem großen** forest, flying **von Baum zu Baum**, eating nuts **und** fruit, **und** doing just **wie** we pleased without calling anybody master. Perhaps some **von** us **waren** rather too full **von** mischief **manchmal**, flying **runter** to pull the tails **der** animals **die hatten keine** wings, chasing birds, **und** throwing nuts **auf** the people who walked **im** forest. **Aber** we **waren** careless **und** happy **und voller** fun, **und** enjoyed **jede Minute des Tages**. **Das war viele** years ago, **lange** before Oz **kam aus den** clouds to rule over **dieses Land**.

"There lived here then, away **im Norden**, a beautiful princess, who **war** also a powerful sorceress. **All** her magic **wurde** used to help the people, **und** she **war** never known to hurt anyone who **war** good. Her name **war** Gayelette, **und** she lived **in einem** handsome palace built from **großen** blocks **aus** ruby. Everyone loved her, **aber** her greatest sorrow **war dass** she **konnte niemanden finden** to love **im Gegenzug**, since **all** the men **waren** much too stupid **und** ugly to mate **mit** one **so** beautiful **und** wise. **Schließlich**, however, she found a boy who **war** handsome **und** manly **und** wise beyond his years. Gayelette made up her mind **dass** when he grew to be a man she would make him her husband, **so** she took him **zu** her ruby palace **und** used **all** her magic powers to make him **so** strong **und** good **und** lovely **wie jede** woman **könnte** wish. **Als** he grew **zu** manhood, Quelala, **wie** he **genannt wurde**, was said to be the best **und** wisest man **im gesamten Land**, while his manly beauty **war so groß dass** Gayelette loved him dearly, **und** hastened to make everything ready **für** the wedding.

"My grandfather **war zu der Zeit** the King **der** Winged Monkeys **die** lived **im** forest near Gayelette's palace, **und** the old fellow loved a joke better than a good dinner. One day, just before the wedding, my grandfather was flying out **mit** his band **als** he saw Quelala walking beside the river. He **war** dressed **in einem** rich costume **aus** pink silk **und** purple velvet, **und** my grandfather thought he would **sehen** what he **könnte** do. **Bei** his word the band flew **runter und** seized Quelala, **trugen** him **in ihrem Armen bis** they **waren** over **die Mitte des** river, **und** then dropped him into the water.

"'Swim out, my fine fellow,' cried my grandfather, '**und seh'** if the water has spotted your clothes.' Quelala **war** much too wise **nicht** to swim, **und** he **war nicht im Geringsten** spoiled **durchall** his good fortune. He laughed, **als** he **kam** to the top **des** water, **und** swam in to shore. **Aber als** Gayelette **kam** running out **zu** him she found his silks **und** velvet **alles** ruined **durch** the river.

105

"The princess **war** angry, **und** she knew, **selbstverständlich**, who did it. She **hatte all** the Winged Monkeys brought before her, **und** she said **anfangs dass** their wings should be tied **und** they should be treated **wie** they had treated Quelala, **und** dropped **in** the river. **Aber** my grandfather pleaded <u>**schwer**</u>, **denn** he knew the Monkeys would drown **im** river **mit** their wings tied, **und** Quelala said a kind word **für sie** also; **so dass** Gayelette finally spared them, on condition **dass** the Winged Monkeys should ever after do **drei** times the bidding **des** owner **der** Golden Cap. This Cap **war gemacht worden für** a wedding present **an** Quelala, **und** it is said to have cost the princess half her kingdom. **Selbstverständlich** my grandfather **und all** the other Monkeys **auf einmal** agreed **der** condition, **und das** is how it happens **dass** we are **drei** times the slaves **des** owner **der** Golden Cap, whosoever he may be."

"**und** what became **aus ihnen**?" asked Dorothy, who **war** greatly interested <u>**an**</u> the story.

"Quelala being the first owner **der** Golden Cap," replied the Monkey, "he **war** the first to lay his wishes **auf** us. <u>**Da**</u> his bride **konnte** not bear the sight **von** us, he **rief** us **alle zu** him **in den** forest after he had married her **und** ordered us always to keep **wo** she **konnte** never again set eyes **auf einen** Winged Monkey, <u>**was**</u> we **waren** glad to do, **denn** we were all afraid of her.

"**Das war alles** we ever had to do **bis** the Golden Cap fell into the hands **der** Wicked Witch **des Westens**, who **machte** us enslave the Winkies, **und** afterward drive Oz himself **aus dem Land des Westens**. **Jetzt** the Golden Cap is yours, **und drei** times you have the right to lay your wishes **auf** us."

Als die Monkey King finished his story Dorothy **sah** down **und** saw the <u>**grünen**</u>, shining <u>**Wände**</u> of the Emerald City before them. She wondered at the rapid flight **der** Monkeys, **aber war** glad the journey **war** over. The strange creatures set the travelers **runter** carefully before the gate **der** City, the King bowed low **zu** Dorothy, **und** then flew swiftly **weg**, followed **von allen** his band.

"**Das war** a good ride," said the **kleine Mädchen**.

"Yes, **und** a quick way **aus** our troubles," replied the Lion. "How lucky it **war** you brought away **die** wonderful Cap!"

weeve
Chapter 14

German	Pronunciation	English
der	dɐ	the
durch	dʊʀx	through
getragen	gɛtrɑːgən	carried
Sonne	zɔnə	sun
am	ɑːm	at
kam	kɑːm	came
Morgen	mɔʀgən	morning
als ob	als oːp	as if
welchen	vɛlxən	which
verging	fəʀgɪŋk	passed away
rechtzeitig	ʀɛxt͡saitiːk	in time
Noch	noːx	nor
seht	zeːt	see
daran	dɑːʀɑːn	of that
grauen	kʀauən	gray
der Mäuse	dəʀ moːyːsə	of the mice
nein	nain	no
außer Sicht	ausəʀ sɪxt	out of sight

weeve
Chapter 14

German	Pronunciation	English
kleiner	klaine	little
hübschen	hypʃən	pretty
lange	lɑːŋə	long
da	dɑː	as
Einst	aınst	once
manchmal	manxmɑːl	at times
dieses Land	diːseːs lant	this land
All	al	all
genannt wurde	gənant vʊʀdə	was called
groß	kʀoːs	great
Bei	bai	at
seh'	zeː'	see
durchall	dʊʀxal	by all
schwer	ʃvɐ	hard
an	ɑːn	in
Da	dɑː	as
was	vɑːs	which
grünen	kʀyːnən	green
Wände	væːndə	walls

108

15

THE DISCOVERY OF OZ, THE TERRIBLE

"Language acquisition does not happen by learning grammar rules or memorising vocabulary lists." – Stephen Krashen, expert in linguistics at University of Southern California

The **vier** travelers walked up **zum großen** gate **der** Emerald City **und** rang the bell. After ringing several times, it **wurde** opened **vom gleichen** Guardian **des** Gates they had met before.

"What! are you back again?" he asked, **verblüfft**.

"Do you **nicht** see us?" answered the Scarecrow.

"**Aber** I thought you had gone to visit the Wicked Witch **des Westens**."

"We did visit her," said the Scarecrow.

"**und** she let you **gehen** again?" asked the man, **staunend**.

"She **konnte** not help it, **denn** she is melted," explained the Scarecrow.

"Melted! Well, **das** is good news, indeed," said the man. "Who melted her?"

"It **war** Dorothy," said the Lion gravely.

"Good gracious!" exclaimed the man, **und** he bowed very low indeed before her.

Then he led them into his **kleinen Raum und** locked the spectacles **aus dem großen** box **auf all** their eyes, just **wie** he had done before. Afterward they passed on **durch** the gate **in die** Emerald City. **Als** the people heard **vom** Guardian **des** Gates **dass** Dorothy had melted the Wicked Witch **des Westens**, they **alle** gathered **um** the travelers **und** followed them **in einer großen** crowd **zum** Palace **von** Oz.

The soldier **mit dem grünen** whiskers **war noch** on guard before **der Tür, aber** he let them **rein auf einmal, und** they **waren** again met **von dem** beautiful **grünen Mädchen**, who showed each **von ihnen zu** their old rooms **auf einmal, so** they might rest **bis** the Great Oz **war** ready to receive them.

The soldier **hatte** the news **getragen** straight to Oz **dass** Dorothy **und** the other travelers had come back again, after destroying the Wicked Witch; **aber** Oz made no reply. They thought the Great Wizard would send **nach ihnen auf einmal, aber** he did **nicht**. They **hatten kein** word **von ihm** the next day, **noch** the next, **noch** the next. The waiting **war** tiresome **und** wearing, **und schließlich** they grew vexed **dass** Oz should treat them **auf so** poor a fashion, after sending them to undergo hardships **und** slavery. **So** the Scarecrow **schließlich** asked the **grüne Mädchen** to take **eine weitere** message **zu** Oz, saying if he did not let them **rein** to **sehen** him **auf einmal** they would call the Winged Monkeys to help them, **und herausfinden** whether he kept his promises **oder nicht. Als** the Wizard **war** given this message he **war so** frightened **dass** he sent word **für sie** to come **zum** Throne Room at **vier Minuten** after nine o'clock **am nächsten Morgen**. He had **einmal** met the Winged Monkeys **im Land des Westens, und** he did not wish to meet them again.

The **vier** travelers passed a sleepless **Nacht**, each thinking **über** the gift Oz had promised to bestow on him. Dorothy fell asleep only **einmal, und** then she dreamed she **war in** Kansas, **wo** Aunt Em was telling her how glad she **war** to have her **kleines Mädchen zu Hause** again.

Promptly **um** nine o'clock **am nächsten Morgen** the **grün-**whiskered soldier **kam** to them, **und vier** minutes later they **alle** went **in den** Throne Room **des** Great Oz.

Selbstverständlich each one **von ihnen** expected to **sehen** the Wizard **in** the shape he had taken before, **und alle waren** greatly surprised **als** they **sahen** about **und** saw **überhaupt niemanden im Raum**. They kept close to the door **und** closer to one another, **denn** the stillness **des** empty **Zimmers war** more dreadful than **beliebige der** forms they had seen Oz take.

Presently they heard a solemn Voice, **die** seemed to come from somewhere near the top **des großen** dome, **und** it said:

"I am Oz, the **Großartige und** Terrible. Why do you seek me?"

They **sahen** again **in jeden** part **des Zimmers, und** then, seeing **niemanden**, Dorothy asked, "**<u>Wo</u>** are you?"

"I am **<u>überall</u>**," answered the Voice, "**aber zu** the eyes **der** common mortals I am invisible. I will **jetzt** seat myself **auf** my throne, **damit** you may converse **mit mir**." Indeed, the Voice seemed just then to come straight from the throne itself; **so** they walked toward it **und standen** in a row while Dorothy said:

"We have come to claim our promise, O Oz."

"What promise?" asked Oz.

"You promised to send me back **nach** Kansas **wenn** the Wicked Witch **war** destroyed," said **das Mädchen**.

"**Und** you promised to give me brains," said the Scarecrow.

"**Und** you promised to give me **ein Herz**," said the Tin Woodman.

"**Und** you promised to give me courage," said the Cowardly Lion.

"Is the Wicked Witch really destroyed?" asked the Voice, **und** Dorothy thought it trembled **ein wenig**.

"Yes," she answered, "I melted her **mit** a bucket of water."

"Dear me," said the Voice, "how sudden! Well, come **zu** me tomorrow, **denn** I must have time to think it over."

"You've **hatten <u>reichlich</u>** time already," said the Tin Woodman angrily.

"We shan't wait a day longer," said the Scarecrow.

"You must keep your promises to us!" exclaimed Dorothy.

The Lion thought it might be **<u>ebenso</u>** to frighten the Wizard, **so** he gave a large, loud roar, **das war so** fierce **und** dreadful **dass** Toto jumped **weg von ihm** in alarm **und** tipped over the screen **das stand in einer Ecke. Als** it fell **mit** a crash they **sahen** that way, **und** the next moment **alle von ihnen waren** filled **mit** wonder. **Denn** they saw, standing **an** just the spot the screen had hidden, a **kleinen** old man, **mit einem** bald head **und** a wrinkled face, who seemed to be **<u>ebensoviel</u>** surprised **wie** they **waren**. The Tin Woodman, raising his axe, rushed toward the **kleinen** man **und** cried out, "Who are you?"

"I am Oz, the **Großartige und** Terrible," said the **kleine** man, **mit einer** trembling **Stimme**. "**Aber** don't strike me — please don't — **und** I will do anything you want me to."

111

Our friends **sahen** at him <u>**verwundert und**</u> dismay.

"I thought Oz **war** a **großer** Head," said Dorothy.

"**Und** I thought Oz **war** a lovely Lady," said the Scarecrow.

"**Und** I thought Oz **war** a terrible Beast," said the Tin Woodman.

"**Und** I thought Oz **war** a **Feuerball**," exclaimed the Lion.

"**Nein**, you are **alle** wrong," said the **kleine** man meekly. "I have been making believe."

"Making believe!" cried Dorothy. "Are you **nicht** a **Großartiger** Wizard?"

"Hush, my dear," he said. "Don't speak **so** loud, **oder** you will be overheard — **und** I should be ruined. I am supposed to be a Great Wizard."

"**und** aren't you?" she asked.

"<u>**Kein bisschen**</u>, my dear; I am just a common man."

"You're more than **das**," said the Scarecrow, **in einem** grieved tone; "you're a humbug."

"Exactly **so**!" declared the **kleine** man, rubbing his hands together **als ob** it pleased him. "I am a humbug."

"**aber** <u>das</u> is terrible," said the Tin Woodman. "How shall I ever get my **Herz**?"

"**oder** I my courage?" asked the Lion.

"**oder** I my brains?" wailed the Scarecrow, wiping the tears from his eyes **mit** his coat sleeve.

"My dear friends," said Oz, "I pray you **nicht** to speak **über** these **kleinen** things. Think **an mich, und** the terrible trouble I am in at being found out."

"Doesn't anyone <u>**anders**</u> know you're a humbug?" asked Dorothy.

"**Niemand** knows it **außer** you **vier** — **und** myself," replied Oz. "I have fooled everyone **so lange dass** I thought I should never be found out. It **war** a **großer** mistake my ever letting you **in den** Throne Room. Usually I will not see even my subjects, **und so** they believe I am something terrible."

"**Aber**, I don't understand," said Dorothy, **in** bewilderment. "How **war** it **dass** you appeared **mir als ein großer** Head?"

"**Das war einer meiner** tricks," answered Oz. "Step this way, please, **und** I will tell you **alles** about it."

He led the way **zu einer kleinen** chamber **in** the rear **des** Throne Room, **und** they **alle** followed him. He pointed **zu** one **Ecke, in welcher** lay the **große** Head, **gemacht aus vielen** thicknesses **von** paper, **und mit einem** carefully painted face.

"**Dies** I hung from the ceiling **durch** a wire," said Oz. "I **stand** behind the screen **und** pulled a thread, to make the eyes move **und** the mouth open."

"**Aber** how about **der Stimme**?" she inquired.

"Oh, I am a ventriloquist," said the **kleine** man. "I can throw the sound **meiner Stimme** wherever I wish, **so dass** you thought it was coming **aus dem** Head. Here are the other things I used to deceive you." He showed the Scarecrow the dress **und** the mask he had worn **als** he seemed to be the lovely Lady. **Und** the Tin Woodman saw **dass** his terrible Beast **war nichts als viele** skins, sewn together, **Mit** slats to keep their sides out. As for **den Feuerball**, the false Wizard had hung **das** also from the ceiling. It **war** really a **Watteknäuel, aber als** oil **war** poured **darauf** the ball burned fiercely.

"Really," said the Scarecrow, "you ought to be ashamed of yourself for being such a humbug."

"I am — I certainly am," answered the **kleine Mann** sorrowfully; "**aber** it **war** the only thing I **könnte** do. Sit **runter**, please, there are **reichlich Stühle; und** I will tell you my story."

Also they sat **runter und** listened while he told the following tale.

"I **wurde** born **in** Omaha —"

"Why, **das** isn't very far from Kansas!" cried Dorothy.

"**Nein, aber** it's farther from here," he said, shaking his head at her sadly. "**Als** I grew up I became a ventriloquist, **und dabei** I **war** very well trained **von einem großen** master. I can imitate **beliebige** kind **von** a bird **oder** beast." Here he mewed **so** like a kitten **das** Toto pricked up his **Ohren** and **sah** everywhere to **sehen wo** she **war**. "After a time," continued Oz, "I tired of that, **und** became a balloonist."

"What is **Was ist das**?" asked Dorothy.

"A man who goes up **in** a balloon **an** circus day, **so** as to draw a crowd **von** people together **und** get them to pay to **sehen** the circus," he explained.

"Oh," she said, "I **weiß**."

"Well, one day I went up **in** a balloon **und** the ropes got twisted, **so dass** I couldn't come **runter** again. It went way up above the clouds, **so far dass** a current **von** air struck it **und trug** it **viele, <u>viele Meilen</u> weg. Für** a day **und eine Nacht** I traveled **durch** the air, **und am Morgen des** second day I awoke **und** found the balloon floating over a strange **und** beautiful **Land**.

"It **kam** down gradually, **und** I **war** not hurt a bit. **Aber** I found myself **inmitten einer** strange people, who, seeing me come from the clouds, thought I **war** a **großer** Wizard. **Selbstverständlich** I let them think **so**, because they were afraid of me, **und** promised to do anything I wished them to.

"Just to amuse myself, **und** keep the good people busy, I ordered them to build this City, **und** my Palace; **und** they did it **alle** willingly **und** well. Then I thought, **weil das Land war so grün und** beautiful, I would call it the Emerald City; **und** to make the name fit better I put **grüne** spectacles **auf all** the people, **so dass** everything they saw **war grün**."

"**Aber** isn't everything here **grün**?" asked Dorothy.

"**Nein** more than <u>**injeder**</u> other city," replied Oz; "**aber wenn** you wear **grün** spectacles, why **selbstverständlich** everything you **seht** looks **grün zu** you. The Emerald City **war** built a great **viele** years ago, **denn** I **war** a <u>**junger**</u> man **als** the balloon brought me here, **und** I am a very old man **jetzt. Aber** my people have worn **grüne** glasses **auf** their eyes **so <u>lang</u> dass** most **von ihnen** think it really is an Emerald City, **und** it certainly is a beautiful place, abounding **in** jewels **und** precious metals, **und jede** good thing **das** is needed to make one happy. I have been good **zu** the people, **und** they like me; **aber** ever since this Palace **war** built, I have shut myself up **und** would **nicht sehen <u>irgendeinen</u> von ihnen**.

"**Eine meiner** greatest fears <u>**waren**</u> the Witches, **denn** while I **hatte <u>keinen</u>** magical powers **überhaupt** I soon found out **dass** the Witches **waren** really able to do wonderful things. There **waren vier** of them **in diesem Land, und** they ruled the people who <u>**leben**</u> in the North **und** South **und** East **und** West. Fortunately, the Witches **des Nordens <u>und Südens</u> waren** good, **und** I knew they would do me **keinen** harm; **aber** the Witches **des Ostens und Westens waren** terribly wicked, **und** had they **nicht** thought I **war** more powerful than they themselves, they would surely have destroyed me. <u>**Wie**</u> it **war**, I lived **in** deadly fear **vor ihnen denn viele** years; so you can imagine how pleased I **war als** I heard your **Haus** had fallen **auf die** Wicked Witch **des Ostens. Als** you <u>**kamst**</u> to me, I **war** willing to promise anything if you would only do away **mit der** other Witch; **aber, jetzt, wo** you have melted her, I am ashamed to say **dass** I can not keep my promises."

"I think you are a very bad man," said Dorothy.

"Oh, **nein**, my dear; I am really a very good man, **aber** I am a very bad Wizard, I must admit."

"Can't you give me brains?" asked the Scarecrow.

"You don't need them. You are learning something **jeden Tag**. A baby has brains, **aber** it **weiß nicht** much. Experience is the only thing **das** brings knowledge, **und** the longer you are **auf der** earth the more experience you are sure to get."

"**Das** may **alles** be true," said the Scarecrow, "**aber** I shall be very unhappy unless you give me brains."

The false Wizard **sah** at him carefully.

"Well," he said **mit** a sigh, "I am not much of a magician, **wie** I said; **aber** if you will come **zu** me **morgen früh**, I will stuff your head **mit** brains. I can not tell you how to use them, however; you must **finden das** out **für** yourself."

"Oh, thank you — thank you!" cried the Scarecrow. "I will **finden** a way to use them, never fear!"

"**Aber** how about my courage?" asked the Lion anxiously.

"You have **reichlich** courage, I am sure," answered Oz. "**Alles** you need is confidence **in** yourself. There is **kein** living thing **das** is not afraid **wenn** it faces danger. The True courage is **in** facing danger **wenn** you are afraid, **und die** kind **von** courage you have **in** plenty."

"Perhaps I have, **aber** I am scared **trotzdem**," said the Lion. "I shall really be very unhappy unless you give me the sort **von** courage **das** makes one forget he is afraid."

"Very well, I will give you **die** sort **von** courage tomorrow," replied Oz.

"How about my **Herz**?" asked the Tin Woodman.

"Why, **was das angeht**," answered Oz, "I think you are wrong to want **ein Herz**. It makes most people unhappy. If you only knew it, you are **im** luck **nicht** to have **ein Herz**."

"**Das** must be a matter **der** opinion," said the Tin Woodman. "**Für** my part, I will bear **all** the unhappiness without a murmur, if you will give me **das Herz**."

"Very well," answered Oz meekly. "Come **zu** me tomorrow **und** you shall have **ein Herz**. I have played Wizard **seit** so **vielen** years **dass** I may **ebenso** continue the part a **wenig** longer."

"**und jetzt**," said Dorothy, "how am I to get back **nach** Kansas?"

"We shall have to think **darüber**," replied the **kleine** man. "Give me two **oder drei** days to consider the matter **und** I will try to **finden** a way to carry you over the desert. **In** the meantime you shall **alle** be treated **als** my guests, **und** while you **lebt im** Palace my people will wait **auf** you **und** obey your slightest wish. There is only one thing I ask **im Gegenzug für** my help — such **wie** it is. You must keep my secret **und** tell **niemandem** I am a humbug."

They agreed to say nothing **über** what they had learned, **und** went back **zu** their rooms **in** high spirits. **Auch** Dorothy **hatte** hope **dass** "The **Großartige und** Terrible Humbug," **wie** she **nannte** him, would **finden** a way to send her back **nach** Kansas, **und** if he did she **war** willing to forgive him everything.

weeve
Chapter 15

German	Pronunciation	English
grüne	kʀyːnə	green
eine weitere	ainəː vaitəʀə	another
herausfinden	həʀausfindən	find out
einmal	ainmaːl	once
um	uːm	at
grün	kʀyːn	green
Zimmers	t͡siməʀs	room
beliebige	beːliːbiːçə	any
Wo	voː	where
überall	yːbəʀal	everywhere
reichlich	ʀaixliːx	plenty of
ebenso	eːbənsoː	as well
das	daːs	which
Als	als	as
ebensoviel	eːbənsoːfiːl	as much
verwundert	fəʀvundəʀt	in surprise
Kein bisschen	kain bisxən	not a bit of it
das	daːs	this

weeve
Chapter 15

German	Pronunciation	English
anders	andəʀs	else
Ecke	ɛkə	corner
Watteknäuel	vatɛknoːyːeːl	ball of cotton
kleine Mann	klaineː man	little man
reichlich Stühle	ʀaıxliːx styːlə	plenty of chairs
Also	alsoː	so
dabei	dɑːbai	at that
Ohren	oːʀən	ears
weiß	vais	know
viele Meilen	fiːleː mailən	many miles
injeder	ɪnjeːdɐ	in any
junger	juːŋɐ	young
lang	laŋk	long
irgendeinen	ɪʀgəndainən	any
waren	vɑːʀən	was
keinen	kainən	no
leben	leːbən	live
und Südens	ʊnd syːdəns	and south

weeve
Chapter 15

German	Pronunciation	English
Wie	viːə	as
kamst	kamst	came
morgen früh	mɔrgən fʀyː	tomorrow morning
was das angeht	vaːs daːs aːŋeːt	as for that
im	iːm	in
seit	zait	for
wenig	vəniːk	little
lebt	lɛbt	live
niemandem	niːmandeːm	no one
nannte	nantə	called

16

THE MAGIC ART OF THE GREAT HUMBUG

"Student comprehension scores were 50% higher for information presented in story form than for similar information presented in expository forms."- J. David Cooper, author of Literacy: Helping Children Construct Meaning

Am nächsten Morgen the Scarecrow said **zu** his friends:

"Congratulate me. I am going to Oz to get my brains <u>**endlich**</u>. **Wenn** I return I shall be **wie** other men are."

"I have always liked you **wie** you **warst**," said Dorothy simply.

"It is **irgendwie** you to like a Scarecrow," he replied. "**Aber** surely you will think more **von mir wenn** you hear the splendid thoughts my new brain is going to turn out." Then he said good-bye **zu** them <u>**allen mit einer**</u> cheerful **Stimme und** went **zum** Throne Room, **wo** he rapped **auf die Tür**.

"Come **rein**," said Oz.

The Scarecrow went <u>**hinein**</u> **und** found the **kleinen** man sitting down **am** window, engaged **in** deep thought.

"I have come **für** my brains," remarked the Scarecrow, a **wenig** uneasily.

"Oh, yes; <u>**setz dich auf den**</u> chair, please," replied Oz. "You must excuse me **für** taking your head off, **aber** I shall have to do it **um** put your brains **an** their proper place."

"**Das ist alles** right," said the Scarecrow. "You are quite welcome to take my head off, **so lange wie** it will be a better one **wenn** you put it on again."

So the Wizard unfastened his head **und** emptied out the straw. Then he entered the **Hinterzimmer und** took up a measure of bran, **welchen** he mixed **mit sehr vielen** pins **und** needles. Having shaken them together thoroughly, he filled the top of the Scarecrow's head **mit** the mixture **und** stuffed the rest **des** space **mit** straw, to hold it **am** place.

Als he had fastened the Scarecrow's head **an** his body again he said **zu** him, "Hereafter you will be a **großer** man, **denn** I have given you **viel** bran-new brains."

The Scarecrow **war** both pleased **und** proud at the fulfillment **seines** greatest wish, **und** having thanked Oz warmly he went back **zu** his friends.

Dorothy **sah** at him curiously. His head **war** quite bulged out **an** the top **mit** brains.

"How do you feel?" she asked.

"I feel wise indeed," he answered earnestly. "**Wenn** I get used to my brains I shall **wissen** everything."

"Why are **jene** needles **und** pins sticking **aus** your head?" asked the Tin Woodman.

"**Das** is proof **dass** he is sharp," remarked the Lion.

"Well, I must **gehen zu** Oz **und** get my **Herz**," said the Woodman. So he walked **zum** Throne Room **und** knocked **an der Tür**.

"Come **rein**," **rief** Oz, **und** the Woodman entered **und** said, "I have come **für** my **Herz**."

"Very well," answered the **kleine** man. "**Aber** I shall have to cut **ein Loch in** your breast, **damit** I can put your **Herz an den** right place. I hope it won't hurt you."

"Oh, **nein**," answered the Woodman. "I shall not feel it **überhaupt**."

So Oz brought a pair **von** tinsmith's shears **und** cut a **kleines**, square **Loch** in the left **Seite des** Tin Woodman's breast. Then, going **zu** a chest **von** drawers, he took out a **hübsches Herz**, **gemacht** entirely **aus** silk **und** stuffed **mit** sawdust.

"Isn't it a beauty?" he asked.

"It is, indeed!" replied the Woodman, who **war** greatly pleased. "**Aber** is it a kind **Herz**?"

"Oh, very!" answered Oz. He put **das Herz** in the Woodman's breast **und** then replaced the square **aus** tin, soldering it neatly together **wo** it had been cut.

"There," said he; "**jetzt** you have **ein Herz das** any man might be proud of. I am sorry I **musste** put a patch **auf** your breast, **aber** it really couldn't be helped."

"Never mind the patch," exclaimed the happy Woodman. "I am very grateful **dir, und** shall never forget your kindness."

"Don't speak **davon**," replied Oz.

Then the Tin Woodman went back **zu** his friends, who wished him **jede Freude <u>aufgrund</u>** his good fortune.

The Lion **jetzt** walked **zum** Throne Room **und** knocked **an der Tür**.

"Come **rein**," said Oz.

"I have come **für** my courage," announced the Lion, entering **das Zimmer**.

"Very well," answered the **kleine** man; "I will get it **für dich**."

He went **zu einem Schrank und** reaching up **an einen** high shelf took **runter** a square **grüne** bottle, the contents **von welchem** he poured **in ein grün**-gold dish, beautifully carved. Placing **dies** before the Cowardly Lion, who sniffed at it **als ob** he did not like it, the Wizard said:

"Drink."

"What is it?" asked the Lion.

"Well," answered Oz, "if it <u>**wäre in dir drin**</u>, it would be courage. <u>**Du weißt**</u>, **selbstverständlich, dass** courage is always inside one; **so dass** this really can not be called courage **bis** you have swallowed it. Therefore I advise you to drink it **so** soon **wie** possible."

The Lion hesitated **nicht** longer, **sondern** drank **bis** the dish **war** empty.

"How do you feel **jetzt**?" asked Oz.

"Full **von** courage," replied the Lion, who went joyfully back **zu** his friends to tell them **von** his good fortune.

Oz, left to himself, smiled to think **über** his success in giving the Scarecrow **und** the Tin Woodman **und** the Lion exactly what they thought they wanted. "How can I help being a humbug," he said, "**wenn all** these people make me do things **die** everybody knows can't be done? It **war** easy to make the Scarecrow **und** the

Lion **und** the Woodman happy, because they imagined I **könnte** do anything. **Aber** it will take more than imagination to carry Dorothy back **nach** Kansas, **und** I am sure I **weiß nicht** how it can be done."

weeve

Chapter 16

German	Pronunciation	English
endlich	əntliːx	at last
allen	alən	all
hinein	hiːnain	in
setz dich	zeːt͡s diːx	sit down
den	dən	that
Hinterzimmer	hɪntəʀt͡sɪmɐ	back room
am	ɑːm	in
wissen	vɪsən	know
jene	jənə	those
ein Loch	ain loːx	a hole
damit	dɑːmiːt	so
Loch	loːx	hole
hübsches	hypʃeːs	pretty
aufgrund	aʊfkʀʊnt	on account of
wäre	væːʀə	were
in dir drin	iːn diːʀ tʀiːn	inside of you
Du weißt	duː vaɪst	you know

17
HOW THE BALLOON WAS LAUNCHED

In a 2019 study by Jeff McQuillan comparing students who read a story versus students who read a story and were given instruction about what the words meant, those who simply read the story learned 63% more words in that time.

Für drei days Dorothy heard nothing from Oz. These **waren** sad days **für das kleine Mädchen**, although her friends **waren alle** quite happy **und** contented. The Scarecrow told them there **waren** wonderful thoughts **in** his head; **aber** he would not say what they **waren** because he knew **niemand könnte** understand them **außer** himself. **Als** the Tin Woodman walked about he felt his **Herz** rattling **herum in** his breast; **und** he told Dorothy he had discovered it to be a kinder **und** more tender **Herz** than the one he had owned **als** he **war gemacht** of flesh. The Lion declared he was afraid of nothing **auf der** earth, **und** would gladly face an army **oder ein Dutzen der** fierce Kalidahs.

Thus each **der kleinen** party **war** satisfied **außer** Dorothy, who longed more than ever to get back **nach** Kansas.

Am fourth day, **zu** her **großen Freude**, Oz sent **nach ihr, und als** she entered the Throne Room he greeted her pleasantly:

"Sit **nieder**, my dear; I think I have found the way to get you **aus diesem Landes**."

"**und** back **nach** Kansas?" she asked eagerly.

"Well, I am not sure about Kansas," said Oz, "**denn** I haven't the faintest notion **welche** way it lies. **Aber** the first thing to do is to cross the desert, **und** then it should be easy to **finden** your way home."

"How can I cross the desert?" she inquired.

"Well, I will tell you what I think," said the **kleine** man. "**Du siehst**, als I **kam** to **diesem Land** it **war in** a balloon. You also **kam** through the air, being **getragen** by **einen Zyklon**. **Also** I believe the best way to get across the desert will be **durch** the air. **Jetzt**, it is quite beyond my powers to make **ein Zyklon**; **aber** I've been thinking the matter over, **und** I believe I can make a balloon."

"How?" asked Dorothy.

"A balloon," said Oz, "is **gemacht** of silk, **welches** is coated **mit** glue to keep the gas **darin**. I have **reichlich** silk **im** Palace, <u>**also**</u> it will be **kein** trouble to make the balloon. **Aber im gesamten Land** there is **kein** gas to fill the balloon **mit**, to make it float."

"If it won't float," remarked Dorothy, "it will be <u>**von keinem**</u> use **zu** us."

"True," answered Oz. "**Aber** there is **ein weiterer** way to make it float, **welches** is to fill it **mit** hot air. Hot air isn't **so** good **wie** gas, **denn** if the air should get cold the balloon would come **runter in** the desert, **und** we should be lost."

"We!" exclaimed **das Mädchen**. "Are you going **mit mir**?"

"Yes, **na sicher**," replied Oz. "I am tired of being such a humbug. If I should go out **aus diesem** Palace my people would soon discover I am not a Wizard, **und** then they would be vexed **über mich für** having deceived them. **Also** I have to stay shut up **in** these rooms **den ganzen Tag**, **und** it gets tiresome. I'd much rather <u>**zurückgehen**</u> **nach** Kansas **mit dir und** be **in** a circus again."

"I shall be glad to have your company," said Dorothy.

"Thank you," he answered. "**Jetzt**, if you will help me sew the silk together, we will begin to work **an** our balloon."

Also Dorothy took a needle **und** thread, **und so** fast **wie** Oz cut the strips **aus** silk into proper shape **das Mädchen** sewed them neatly together. First there **war** a strip **aus** light <u>**grüner**</u> silk, then a strip **aus dunkel grüner und** then a strip **aus** emerald green; **denn** Oz **hatte** a fancy to make the balloon **in** different shades **der Farbe** about them. It took **drei** days to sew **all** the strips together, **aber als** it **war** finished they **hatten** a **große** bag **aus grüner** silk more than twenty feet **lang**.

Then Oz painted it **auf** the inside **mit** a coat **aus** thin glue, to make it airtight, after **welchem** he announced **dass** the balloon **war** ready.

"**Aber** we must have a basket to ride <u>**drin**</u>," he said. **Also** he sent the soldier **mit dem grünen** whiskers **nach einem großen** clothes basket, **welchen** he fastened **mit viele** ropes **an** the bottom <u>**des Ballons**</u>.

Als it **war alles** ready, Oz sent word **zu** his people **dass** he was going to make a visit **zu einem großen** brother Wizard who lived **in** the clouds. The news spread rapidly throughout the city **und** everyone **kam** to **sehen** the wonderful sight.

Oz ordered the balloon **getragen** out **vor den** Palace, **und** the people gazed **auf** it **mit** much curiosity. The Tin Woodman had chopped a **großen** pile **von** wood, **und jetzt** he **machte** a fire <u>**daraus**</u>, **und** Oz held the bottom **des Ballons** over the fire **so dass** the hot air **die** arose **davon** would be caught **in der** silken bag. Gradually the balloon swelled out **und** rose into the air, **bis** finally the basket just touched **den Boden**.

Then Oz got into the basket **und** said **an alle Leute mit einer** loud **Stimme**:

"I am **jetzt** going **weg** to make a visit. While I am gone the Scarecrow will rule over you. I command you to obey him **wie** you would me."

The balloon was <u>**mittlerweile**</u> tugging hard at the rope **das** held it **auf dem Boden**, **denn** the air within it **war** hot, **und dies machte** it **so viel** lighter **im** weight than the air without **dass** it pulled **schwer** to rise **in den Himmel**.

"Come, Dorothy!" cried the Wizard. "Hurry up, **oder** the balloon will fly **weg**."

"I can't <u>**finden**</u> Toto anywhere," replied Dorothy, who did not wish to leave her **kleinen** dog behind. Toto had run into the crowd to bark at a kitten, **und** Dorothy **schließlich** found him. She picked him up **und** ran towards the balloon.

She **war** within **ein paar** steps **davon**, **und** Oz was holding out his hands to help her into the basket, **als**, crack! went the ropes, **und** the balloon rose into the air without her.

"Come back!" she screamed. "I want to **gehen**, <u>**auch**</u>!"

"I can't come back, my dear," **rief** Oz from the basket. "Good-bye!"

"Good-bye!" shouted everyone, **und alle** eyes **waren** turned upward **zu wo** the Wizard was riding **im** basket, rising **jeden Moment** farther **und** farther **in den Himmel**.

127

Und das war the last **jeder von ihnen** ever saw **von** Oz, the Wonderful Wizard, though he may have reached Omaha safely, **und** be there **jetzt, denn alles** we **wissen**. **Aber** the people remembered him lovingly, **und** said to another:

"Oz **war** always our friend. **Als** he **war** here he built **für** us this beautiful Emerald City, **und jetzt** he is gone he has left the Wise Scarecrow to rule over us."

<u>Dennoch</u>, für vielen days they grieved over the loss **des** Wonderful Wizard, **und** would not be comforted.

weeve
Chapter 17

German	Pronunciation	English
also	alsoː	so
von keinem	foːn kaineːm	of no
zurückgehen	t͡suːʀykgeːən	go back
grüner	kʀyːnɐ	green
drin	tʀiːn	in
des Ballons	deːs balɔns	of the balloon
daraus	dɑːʀaus	of it
mittlerweile	mɪtlərvailə	by this time
auch	aux	too
Dennoch	dənnoːx	still

18
AWAY TO THE SOUTH

A study entitled The Inefficiency of Vocabulary Instruction showed that language learners pick up words incrementally, that is bit by bit as we are reading. We also pick them up incidentally, that is when you read a book it isn't to learn new vocabulary, learning vocabulary is just one of the consequences of reading.

Dorothy wept bitterly at the passing **ihrer** hope to get home **nach** Kansas again; **aber als** she thought it **alles** over she **war** glad she had not gone up <u>**in einem Ballon**</u>. **und** she also felt sorry at losing Oz, **und so** did her companions.

The Tin Woodman **kam** to her **und** said:

"Truly I should be ungrateful if I failed to mourn **für** the man who gave me my lovely **Herz**. I should like to cry a **wenig** because Oz is gone, if you will kindly wipe **weg** my tears, **so dass** I shall not rust."

"**Mit** pleasure," she answered, **und** brought a towel **auf einmal**. Then the Tin Woodman wept **für** several minutes, **und** she watched the tears carefully **und** wiped them **weg mit** the towel. **Als** he had finished, he thanked her kindly **und** oiled himself thoroughly **mit** his jeweled oil-can, to guard against mishap.

The Scarecrow **war jetzt** the ruler **der** Emerald City, **und** although he **war nicht** a Wizard the people **waren** proud **auf ihn**. "**Denn**," they said, "there is not **eine weitere** city **auf der gesamten Welt das** is ruled **von einem** stuffed man." **und**, so far **wie** they knew, they **waren** quite right.

Am Morgen danach after the balloon had gone up **mit** Oz, the

vier travelers met **im** Throne Room **und** talked matters over. The Scarecrow sat **auf dem großen** throne **und** the others **standen** respectfully before him.

"We are not **so** unlucky," said the new ruler, "**denn dieser** Palace **und** the Emerald City belong **zu** us, **und** we can do just **wie** we please. **Wenn** I remember **dass** a short time ago I **war** up **auf** a pole in a farmer's cornfield, **und dass** now I am the ruler **dieser** beautiful City, I am quite satisfied **mit** my lot."

"I also," said the Tin Woodman, "am well-pleased **mit** my new **Herz; und**, really, **das war** the only thing I wished **auf der ganzen Welt**."

"**Für** my part, I am content in knowing I am **so** brave <u>**wie jedes**</u> beast **das** ever lived, if **nicht** braver," said the Lion modestly.

"If Dorothy would only be contented to **leben in der** Emerald City," continued the Scarecrow, "we might **alle** be happy together."

"**Aber** I don't want to **leben** here," cried Dorothy. "I want to **gehen nach** Kansas, **und leben mit** Aunt Em **und** Uncle Henry."

"Well, then, what can be done?" inquired the Woodman.

The Scarecrow decided to think, **und** he thought **so schwer dass** the pins **und** needles began to stick **aus** his brains. Finally he said:

"Why **nicht** call the Winged Monkeys, **und** ask them to carry you over the desert?"

"I <u>**nie**</u> thought **davon**!" said Dorothy joyfully. "It's just the thing. I will **gehen auf einmal für die** Golden Cap."

Als she brought it **in den** Throne Room she spoke the magic words, **und** soon the band **der** Winged Monkeys flew **rein durch das** open window **und stand** beside her.

"**Dies** is the second time you have **gerufen** us," said the Monkey King, bowing before the <u>**kleinem Mädchen**</u>. "What do you wish?"

"I want you to fly **mit mir nach** Kansas," said Dorothy.

Aber the Monkey King shook his head.

"**Das** can not be done," he said. "We belong **in dieses Land** alone, **und** can not leave it. There has **nie** been a Winged Monkey **in** Kansas yet, **und** I suppose there **nie** will be, **denn** they don't belong there. We shall be glad to serve you **auf jede Weise in** our power, **aber** we can not cross the desert. Good-bye."

Und mit einer anderen bow, the Monkey King spread his wings **und** flew **weg durch** the window, followed **von allen** his band.

Dorothy **war** ready to cry **mit** disappointment. "I have wasted the charm **der** Golden Cap to no purpose," she said, "**denn die** Winged Monkeys can not help me."

"It is certainly **zu** bad!" said the tender-hearted Woodman.

The Scarecrow was thinking again, **und** his head bulged out so horribly **dass** Dorothy feared it would burst.

"Let us call **rein** the soldier **mit dem grünen** whiskers," he said, "**und** ask his advice."

So the soldier **war** summoned **und** entered the Throne Room timidly, **denn** while Oz **war** alive he **nie war** allowed to come farther than **die Tür**.

"This **kleine Mädchen**," said the Scarecrow **zum** soldier, "wishes to cross the desert. How can she do **so**?"

"I can not tell," answered the soldier, "**denn** nobody has ever crossed the desert, unless it is Oz himself."

"Is there **niemand** who can help me?" asked Dorothy earnestly.

"Glinda might," he suggested.

"Who is Glinda?" inquired the Scarecrow.

"The Witch **des Südens**. She is the most powerful **aller** Witches, **und** rules over the Quadlings. Besides, her castle stands **am Rande der** desert, **also** she may **wissen** a way to cross it."

"Glinda is a Good Witch, isn't she?" asked **das Kind**.

"The Quadlings think she is good," said the soldier, "**und** she is kind **zu** everyone. I have heard **dass** Glinda is a beautiful woman, who knows how to keep **jung trotz der vielen Jahre** she has lived."

"How can I get **zu** her castle?" asked Dorothy.

"The road is straight **zum Süden**," he answered, "**aber** it is said to be full **von** dangers **zu** travelers. There are wild beasts **in** the woods, **und** a race **von** queer men who do not like strangers to cross their **Land**. **Deshalb keiner der** Quadlings ever come **zur** Emerald City."

The soldier then left them **und** the Scarecrow said:

"It seems, **trotz** dangers, **dass** the best thing Dorothy can do is to travel **zum** Land **des Südens und** ask Glinda to help her. **Denn, selbstverständlich**, if Dorothy stays here she will **nie** get back

nach Kansas."

"You must have been thinking again," remarked the Tin Woodman.

"I have," said the Scarecrow.

"I shall **gehen mit** Dorothy," declared the Lion, "**denn** I am tired of your city **und sehne mich nach** the woods **und dem Land** again. I am really a wild beast, **weiß du**. Besides, Dorothy will need someone to protect her."

"**Das** is true," agreed the Woodman. "My axe may be **von** service **ihr; also** I also will **gehen mit ihr zum** Land **des Südens**."

"**Wann** shall we start?" asked the Scarecrow.

"Are you going?" they asked, **verwundert**.

"Certainly. **wäre es nicht für** Dorothy I should **nie** have had brains. She lifted me from the pole **im** cornfield **und** brought me **zur** Emerald City. **Also** my good luck is **alles** due **ihr, und** I shall **nie** leave her **bis** she starts back **nach** Kansas **ein für alle mal**."

"Thank you," said Dorothy gratefully. "You are **alle** very kind **zu** me. **Aber** I should like to start **so** soon **wie** possible."

"We shall **gehen Morgen früh**," returned the Scarecrow. "**Also jetzt** let us **alle** get ready, **denn es** will be a **lange** journey."

weeve
Chapter 18

German	Pronunciation	English
in einem Ballon	iːn aineːm baloːn	in a balloon
wie jedes	viː jeːdeːs	as any
nie	niːə	never
kleinem Mädchen	klaineːm mæːtxən	little girl
zu	t͡suː	too
am Rande	ɑːm ʀandə	on the edge
das Kind	dɑːs kɪnt	the child
jung	jʊŋk	young
der vielen Jahre	dəʀ fiːlən jaːʀə	the many years
zum Süden	t͡suːm syːdən	to the south
sehne mich	zeːneː miːx	long
nach	nɑːx	for
Wann	van	when

19
Attacked by the Fighting Trees

A study by Chun et al. (2012) showed that when a group of students were asked to memorize a list of words from a list they forgot 44% after 5 weeks. When compared to a group which read a text containing the same words they only forgot 17%.

Am nächsten Morgen Dorothy kissed the <u>**hübsche**</u> **grüne Mädchen** good-bye, **und** they **alle** shook hands **mit** the soldier **mit dem grünen** whiskers, who had walked **mit ihnen** so far **wie** the gate. **Als** the Guardian **des** Gate saw them again he wondered greatly **dass** they **konnten** leave the beautiful City to get into new trouble. **Aber** he **auf einmal** unlocked their spectacles, **welche** he put back **in die** green box, **und** gave them **viele** good wishes to carry **mit ihnen**.

"You are **jetzt** our ruler," he said **zur** Scarecrow; "**also** you must come back **zu** us **so** soon **wie** possible."

"I certainly shall if I am able," the Scarecrow replied; "**aber** I must help Dorothy to get home, <u>**als erstes**</u>."

Als Dorothy bade the good-natured Guardian a last farewell she said:

"I have been very kindly treated **in** your lovely City, **und** everyone has been good **zu** me. I can not tell you how grateful I am."

"Don't try, my dear," he answered. "We should like to keep you

mit us, **aber** if it is your wish to return **nach** Kansas, I hope you will **finden** a way." He then opened the gate **der** outer wall, **und** they walked forth **und** started upon their journey.

Die Sonne shone brightly as our friends turned their faces toward the Land **des Südens**. They **waren alle in bester** spirits, **und** laughed **und** chatted together. Dorothy **war erneut** filled **mit** the hope of getting home, **und** the Scarecrow **und** the Tin Woodman **waren** glad to be **von** use **zu** her. As for the Lion, he sniffed the fresh air **mit** delight **und** whisked his tail **von Seite zu Seite in** pure **Freude** at being **in dem Land** again, while Toto ran **um sie herum und** chased the moths **und** butterflies, barking merrily **die ganze Zeit**.

"City life does not agree with me **überhaupt**," remarked the Lion, **als** they walked along at a brisk pace. "I have lost much flesh since I lived there, **und jetzt** I am anxious **für** a chance to show the other beasts how courageous I have grown."

They **jetzt** turned **und** took a last look **auf die** Emerald City. **Alles** they could see **war eine Masse von** towers **und** steeples behind the **grünen Wänden**, **und** high up above everything the spires **und** dome **des** Palace **von** Oz.

"Oz **war nicht** such a bad Wizard, **in der Tat**," said the Tin Woodman, **als** he felt his **Herz** rattling **herum in** his breast.

"He knew how to give me brains, **und** very good brains, **auch**," said the Scarecrow.

"If Oz had taken a dose **des gleichen** courage he gave me," added the Lion, "he would have been a brave man."

Dorothy said nothing. Oz had not kept the promise he made her, **aber** he had done his best, **also** she forgave him. **Wie** he said, he **war** a good man, **selbst wenn** he **war** a bad Wizard.

The first day's journey **war durch die grünen** fields **und** bright flowers **die** stretched about the Emerald City **auf jeder Seite**. They slept **in dieser Nacht auf dem Gras, mit nichts außer** the stars over them; **und** they rested very well indeed.

Am Morgen they traveled on **bis** they **kamen** to a thick wood. There **war kein** way of going **drum herum** it, **denn es** seemed to extend **nach** right **und links** so far **wie** they **konnten sehen**; **und**, besides, they did not dare change the direction **ihrer** journey for fear of getting lost. **Also** they **sahen** for the place **wo** it would be easiest to get into the forest.

The Scarecrow, who **war an** the lead, finally discovered a **großen Baum mit** such wide-spreading branches **dass** there **waren Zimmer für** the party to pass underneath. **Also** he walked forward **zum Baum, aber** just **wie** he **kam** under the **ersten** branches they bent **nieder und** twined **um ihn herum, und** the next minute he **wurde** raised **vom Boden und** flung headlong among his fellow travelers.

Dies did not hurt the Scarecrow, **aber** it surprised him, **und** he **sah** rather dizzy **als** Dorothy picked him up.

"Here is **eine weitere** space between the trees," **rief** the Lion.

"Let me try it <u>**zuerst**</u>," said the Scarecrow, "**denn es** doesn't hurt me to get thrown about." He walked up **zu einem anderen Baum, als** he spoke, **aber** its branches immediately seized him **und** tossed him back again.

"**Dies** is strange," exclaimed Dorothy. "What shall we do?"

"The trees seem to have made up their minds to fight us, **und** stop our journey," remarked the Lion.

"I believe I will try it myself," said the Woodman, **und** shouldering his axe, he marched up **zum ersten Baum das** had handled the Scarecrow **so** roughly. **Als** a <u>**großer**</u> branch bent **nieder** to seize him the Woodman chopped at it **so** fiercely **dass** he cut it **in** two. **Auf einmal der Baum** began shaking **alle** its branches **als ob in** pain, **und** the Tin Woodman passed safely under it.

"<u>**Kommt schon**</u>!" he shouted **zu** the others. "Be quick!" They **alle** ran forward **und** passed under **den Baum** without injury, **außer** Toto, who **war** caught **von einem kleinen** branch **und** shaken **bis** he howled. **Aber** the Woodman promptly chopped off the branch **und** set the **kleinen** dog free.

The other trees **des** forest did nothing to keep them back, **also** they made up their minds **dass** only the <u>**erste**</u> row **der** trees **konnte** bend **nieder** their branches, **und dass** probably these **waren** the policemen **des** forest, **und** given this wonderful power **um** keep strangers out of it.

The **vier** travelers walked **mit** ease **durch** the trees **bis** they **kamen** to the farther **Rand des** wood. Then, **zu** their surprise, they found before them a high wall **welche** seemed to be made **aus** white china. It **war** smooth, like the surface <u>**eines**</u> dish, **und** higher than their heads.

"What shall we do **jetzt**?" asked Dorothy.

"I will make <u>**eine Leiter**</u>," said the Tin Woodman, "**denn** we certainly must climb over the wall."

weeve
Chapter 19

German	Pronunciation	English
hübsche	hypʃə	pretty
als erstes	als ərsteːs	first
in bester	iːn bestɐ	in the best of
erneut	ərnoːyːt	once more
Freude	fʀoːyːdə	joy
Wänden	væːndən	walls
links	lɪŋks	left
ersten	ərstən	first
zuerst	t͡suːərst	first
großer	kʀoːsɐ	big
Kommt schon	kɔmt ʃoːn	come on
erste	ərstə	first
eines	aineːs	of
eine Leiter	aineː laitɐ	a ladder

20
THE DAINTY CHINA COUNTRY

In a 2006 study titled How Large a Vocabulary Is Needed For Reading and Listening? it was found that 95% of understood vocabulary (1 unknown word in 20) is necessary for reading a text and understanding it. This is where weeve is so effective, filling the gap in getting beginners started in their target language.

While the Woodman was making **eine Leiter** from wood **die** he found **im** forest Dorothy lay **nieder und** slept, **denn** she **war** tired **durch den langen** walk. The Lion **auch** curled himself up to sleep **und** Toto lay beside him.

The Scarecrow watched the Woodman while he worked, **und** said **zu** him:

"I can not think why this wall is here, **noch** what it is **gemacht** of."

"Rest your brains **und** do not worry about the wall," replied the Woodman. "**Wenn** we have climbed over it, we shall **wissen** what is **auf der** other **Seite**."

After a time **die Leiter war** finished. It **sah** clumsy, **aber** the Tin Woodman **war** sure it **war** strong **und** would answer their purpose. The Scarecrow waked Dorothy **und** the Lion **und** Toto, **und** told them **dass** the **Leiter** was ready. The Scarecrow climbed up **die Leiter als erstes, aber** he **war** so awkward **dass** Dorothy **musste** follow close behind **und** keep him from falling off. **Als** he got his head over the top **der** wall the Scarecrow said, "Oh, my!"

"**Geh' weiter**," exclaimed Dorothy.

139

Also the Scarecrow climbed farther up **und** sat **nieder auf** the top **der** wall, **und** Dorothy put her head over **und** cried, "Oh, my!" **ebenso wie** the Scarecrow had done.

Then Toto **kam** up, **und** immediately began to bark, **aber** Dorothy **machte** him be **still**.

The Lion climbed **die Leiter** next, **und** the Tin Woodman **kam** last; **aber** both **von ihnen** cried, "Oh, my!" **so** soon **wie** they **sahen** over the wall. **Als** they were all sitting **in** a row **auf** the top **der** wall, they **sahen** down **und** saw a strange sight.

Before them **war** a **großer** stretch **des Landes** having **einen Boden so** smooth **und** shining **und** white **wie** the bottom **einer großen** platter. Scattered **herum waren viele** houses **gemacht** entirely **aus** china **und** painted **in den** brightest colors. These houses **waren** quite **klein**, the biggest **von ihnen** reaching only **so** high **wie** Dorothy's waist. There **waren auch hübsche kleine** barns, **mit** china fences **um sich herum**; **und viele** cows **und** sheep **und** horses **und** pigs **und** chickens, **alle gemacht** of china, were standing about **in** groups.

Aber the strangest **von allen waren** the people who lived **in diesem** queer **Land**. There **waren** milkmaids **und** shepherdesses, **mit** brightly colored bodices **und** golden spots all over their gowns; **und** princesses **mit** most gorgeous frocks **aus** silver **und** gold **und** purple; **und** shepherds dressed **in** knee breeches **mit** pink **und** yellow **und** blue stripes down them, **und** golden buckles **an** their shoes; **und** princes **mit** jeweled crowns **auf** their heads, wearing ermine robes **und** satin doublets; **und** funny clowns **in** ruffled gowns, **mit** round <u>**roten**</u> spots **auf** their <u>**Wangen**</u> and tall, pointed caps. **Und**, strangest **von allen**, these people **waren alle gemacht** of china, **auch zu** their clothes, **und waren also klein dass** the tallest **von ihnen war nicht** higher than Dorothy's knee.

Niemand did **so viel** as look **auf** the travelers **anfangs**, **außer** one **kleiner** purple china dog **mit einem** extra-large head, <u>**der kam**</u> to the wall **und** barked at them **mit einer** tiny **Stimme**, afterwards running **weg** again.

"How shall we get **runter**?" asked Dorothy.

They found **die Leiter so** heavy they **konnten** not pull it up, **also** the Scarecrow fell off the wall **und** the others jumped **runter auf** him **so dass** the <u>**harte**</u> **Boden** would not hurt their feet. **Selbstverständlich** they took pains **nicht** to light on his head **und** get the pins **in** their feet. **Als alle waren** safely <u>**unten**</u> they picked up the Scarecrow, whose body **war** quite flattened out, **und** patted his straw into shape again.

"We must cross this strange place **um** get **zur** other **Seite**," said Dorothy, "**denn es** would be unwise **für** us to **gehen** any other way **außer** due South."

They began walking **durch das Land der** china people, **und** the **erste** thing they **kamen** to **war** a china milkmaid milking a china cow. **Als** they drew near, the cow suddenly gave a kick **und** kicked over the stool, the pail, **und auch** the milkmaid herself, **und alle** fell **auf den** china **Boden mit einem großen** clatter.

Dorothy **war** shocked to **sehen dass** the cow had broken her leg off, **und dass** the pail was lying **in** several **kleinen** pieces, while the poor milkmaid **hatte** a nick **in** her **linken** elbow.

"There!" cried the milkmaid angrily. "**Seht** what you have done! My cow has broken her leg, **und** I must take her **zu** the mender's shop **und** have it glued on again. What do you mean by coming here **und** frightening my cow?"

"I am very sorry," returned Dorothy. "Please forgive us."

Aber the **hübsche** milkmaid **war** much **auch** vexed to make **irgendeine** answer. She picked up the leg sulkily **und** led her cow **weg**, the poor animal limping **auf drei** legs. **Als** she left them the milkmaid cast **viele** reproachful glances over her shoulder **auf die** clumsy strangers, holding her nicked elbow close **zu** her **Seite**.

Dorothy **war** quite grieved at this mishap.

"We must be very careful here," said the kind-hearted Woodman, "**oder** we may hurt these **hübschen kleinen** people also they will **nie** get over it."

A **wenig** farther on Dorothy met a most beautifully dressed **junge** Princess, who stopped short **als** she saw the strangers **und** started to run **weg**.

Dorothy wanted to **sehen** more **von der** Princess, also she ran after her. **Aber** the china **Mädchen** cried out:

"Don't chase me! Don't chase me!"

She **hatte** such a frightened **kleine Stimme dass** Dorothy stopped **und** said, "Why **nicht**?"

"Because," answered the Princess, **auch** stopping, a safe distance **ein Weg**, "if I run I may fall **nieder und** break myself."

"**Aber konntest** you **nicht** be mended?" asked **das Mädchen**.

"Oh, yes; **aber** one is **nie so hübsch** after being mended, **weißt du**," replied the Princess.

"I suppose **nicht**," said Dorothy.

"**Jetzt** there is Mr. Joker, one **einer unserer** clowns," continued

141

the china lady, "who is always trying to stand **auf** his head. He has broken himself **so oft dass** he is mended in a hundred places, **und** doesn't look **überhaupt hübsch**. Here he comes **jetzt, also** you can **sehen für** yourself."

Indeed, a jolly **kleiner** clown **kam** walking toward them, **und** Dorothy **konnte sehen dass trotz seiner hübschen** clothes **aus rotem und** yellow **und grünen** he **war** completely covered **mit Rissen**, running every which way **und** showing plainly **dass** he had been mended **an vielen** places.

The Clown put his hands **in** his pockets, **und** after puffing out his **Wangen** and nodding his head at them saucily, he said:

"My lady fair, Why do you stare At poor old Mr. Joker? You're quite so stiff **und** prim **als ob** You'd eaten up a poker!"

"Be quiet, sir!" said the Princess. "**Kannst du nicht sehen** these are strangers, **und** should be treated **mit** respect?"

"Well, **das ist** respect, I expect," declared the Clown, **und** immediately **stand** upon his head.

"Don't mind Mr. Joker," said the Princess **zu** Dorothy. "He is considerably cracked **in** his head, **und dass** makes him foolish."

"Oh, I don't mind him a bit," said Dorothy. "**Aber** you are **so** beautiful," she continued, "**dass** I am sure I **könnte** love you dearly. Won't you let me carry you back **nach** Kansas, **und** stand you **auf** Aunt Em's mantel? I **könnte** carry you **in** my basket."

"**Das** would make me very unhappy," answered the china Princess. "You **siehst**, here **in** our **Land** we **leben** contentedly, **und** can talk **und** move **herum wie** we please. **Aber wann auch immer irgendjemand von** us are taken **weg** our joints **auf einmal** stiffen, **und** we can only stand straight **und** look **hübsch**. **Selbstverständlich das** is **alles was** is expected **von** us **wenn** we are **auf** mantels **und** cabinets **und** drawing-**Zimmer** tables, **aber** our lives are much pleasanter here **in** our own **Land**."

"I would not make you unhappy **für die ganze Welt!**" exclaimed Dorothy. "**Also** I will just say good-bye."

"Good-bye," replied the Princess.

They walked carefully **durch das** china **Land**. The **kleinen** animals **und all** the people scampered **aus ihrem** way, fearing the strangers would break them, **und** after an hour **oder so** the travelers reached the other **Seite des Landes und kamen** to **einer weiteren** china wall.

It **war nicht so** high **wie die erste**, however, **und durch** standing **auf** the Lion's back they **alle** managed to scramble **zu** the top. Then the Lion gathered his legs under him **und** jumped **auf** the wall; **aber gerade als** he jumped, he upset a china church **mit** his tail **und** smashed it **alles in Stücke**.

"**Das war zu** bad," said Dorothy, "**aber** really I think we **hatten Glück nicht** doing these **kleinen** people more harm than breaking a cow's leg **und** a church. They are **alle so** brittle!"

"They are, indeed," said the Scarecrow, "**und** I am thankful I am **gemacht** of straw **und** can not be easily damaged. There are worse things **auf der Welt** than being a Scarecrow."

weeve
Chapter 20

German	Pronunciation	English
langen	lɑːŋən	long
auch	aux	also
Leiter	laitɐ	ladder
Geh' weiter	geːˈvaitɐ	go on
roten	ʀoːtən	red
Wangen	vɑːŋən	cheeks
der	dɐ	which
harte	haʀtə	hard
unten	ʊntən	down
Boden	boːdən	ground
linken	lɪŋkən	left
Seht	zeːt	see
irgendeine	ɪʀgəndainə	any
junge	juːŋə	young
konntest	kɔntɛst	could
hübsch	hybʃ	pretty
so oft	zoː ɔft	so often
rotem	ʀoːteːm	red

weeve
Chapter 20

German	Pronunciation	English
mit Rissen	miːt ʀɪsən	with cracks
irgendjemand	ɪʀgəntjeːmant	any
gerade als	gəʀaːdeː als	just as
in Stücke	iːn stʏkə	to pieces
hatten Glück	hatən klʏk	were lucky

21

THE LION BECOMES THE KING OF BEASTS

"We have two very different ways of going about getting better in another language, you can acquire language, you can learn a language and they're very different processes." – Stephen Krashen, expert in linguistics at University of Southern California

After climbing **runter von der** china wall the travelers found themselves **in einem** disagreeable **Land**, full **von** bogs **und** marshes **und** covered **mit** tall, rank **Gras**. It **war** difficult to walk without falling into muddy holes, **denn das Gras war so** thick **dass** it hid them from sight. However, **durch** carefully picking their way, they got safely along **bis** they reached solid **Boden**. **Aber** here **das Land** seemed wilder than ever, **und** after a **langen und** tiresome walk **durch** the underbrush they entered **einen weiteren** forest, **wo** the trees **waren** bigger **und** older than **irgendwelche** they had ever seen.

"This forest is perfectly delightful," declared the Lion, looking **herum** him **mit Freude**. "**Noch nie** have I seen a more beautiful place."

"It seems gloomy," said the Scarecrow.

"<u>**Kein**</u> a bit **davon**," answered the Lion. "I should like to **leben** here <u>**mein ganzes Leben**</u>. <u>**Schaut**</u> how soft the dried leaves are under your feet **und** how rich **und grün** the moss is **das** clings **an** these old trees. Surely **kein** wild beast **könnte** wish a pleasanter home."

"Perhaps there are wild beasts **im** forest **jetzt**," said Dorothy.

"I suppose there are," returned the Lion, "**aber** I **sehe nicht irgendwelche von ihnen** about."

They walked **durch** the forest **bis** it became **zu dunkel** to **gehen** any farther. Dorothy **und** Toto **und** the Lion lay **nieder zu** sleep, while the Woodman **und** the Scarecrow kept watch over them **wie gewöhnlich**.

Als der Morgen kam, they started again. Before they had gone far they heard a low rumble, **wie das** the growling **von vielen** wild animals. Toto whimpered a **wenig, aber** none **von** the others **war** frightened, **und** they kept along the well-trodden **Weg** until they **kamen** to an opening **im** wood, **in welchem waren** gathered hundreds **von** beasts **von jeder** variety. There **waren** tigers **und** elephants **und** bears **und** wolves **und** foxes **und all** the others **in der** natural history, **und für einen Moment** Dorothy **war** afraid. **Aber** the Lion explained **dass** the animals were holding a meeting, **und** he judged **durch** their snarling **und** growling **dass** they **waren in großen** trouble.

Während he spoke several **der** beasts caught sight **von ihm, und auf einmal** the **große** assemblage hushed **als ob durch** magic. The biggest **der** tigers **kam** up **zum** Lion **und** bowed, saying:

"Welcome, O King **der** Beasts! You have come **rechtzeitig** to fight our enemy **und** bring peace **zu all** the animals **des** forest **noch einmal**."

"What is your trouble?" asked the Lion quietly.

"We are **alle** threatened," answered the tiger, "**von einem** fierce enemy **der** has lately come into this forest. It is a most tremendous monster, like a **große** spider, **mit** a body **so groß wie** an elephant **und** legs **so lang wie ein Baumstamm**. It has eight **von** these **langen** legs, **und während** the monster crawls **durch** the forest he seizes an animal **mit** a leg **und** drags it **zu** his mouth, **wo** he eats it **wie** a spider does a fly. **Nicht** one **von** us is safe while this fierce creature is alive, **und** we **hatten gerufen** a meeting to decide how to take care of ourselves **als** you **kam** among us."

The Lion thought **für einen Moment**.

"Are there **irgendwelche** other lions **in** this forest?" he asked.

"**Nein**; there **waren** some, **aber** the monster has eaten them **alle**. **und**, besides, they **waren** none **von ihnen** nearly **so** large **und** brave **wie** you."

"If I put an end to your enemy, will you bow **nieder zu** me **und** obey me **als** King **des** Forest?" inquired the Lion.

"We will do **das** gladly," returned the tiger; **und all** the other

147

beasts roared **mit einem** mighty roar: "We will!"

"**Wo** is this **große** spider of yours **jetzt**?" asked the Lion.

"Yonder, among the oak trees," said the tiger, pointing **mit** his forefoot.

"Take good care of these friends of mine," said the Lion, "**und** I will **gehen auf einmal** to fight the monster."

He bade his comrades good-bye **und** marched proudly **weg** to do battle **mit** the enemy.

The **große** spider was lying asleep **als** the Lion found him, **und** it **sah** so ugly **dass** its foe turned up his nose **in** disgust. Its legs **waren** quite **so lang wie** the tiger had said, **und** its body covered **mit** coarse black hair. It **hatte** a **großen** mouth, **mit** a row **von** sharp teeth a foot **lang; aber** its head **war** joined **zum** pudgy body **durch** a neck **so** slender **wie** a wasp's waist. **Dies** gave the Lion a hint of the best way to attack the creature, **und wie** he knew it **war** easier to fight it asleep than awake, he gave a **großen** spring **und** landed directly **auf** the monster's back. Then, **mit** one blow **seiner** heavy paw, **ganz** armed **mit** sharp claws, he knocked the spider's head from its body. Jumping **runter**, he watched it **bis** the **langen** legs stopped wiggling, **als** he knew it **war** quite dead.

The Lion went back **zur** opening **wo** the beasts **des** forest were waiting **auf ihn und** said proudly:

"You need fear your enemy **nicht** longer."

Then the beasts bowed **nieder zum** Lion **als** their King, **und** he promised to come back **und** rule over them **sobald** Dorothy **war** safely **auf** her way **nach** Kansas.

weeve
Chapter 21

German	Pronunciation	English
Kein	kain	not
mein ganzes Leben	main gantseːs leːbən	all my life
Schaut	ʃaut	see
wie gewöhnlich	viː geːvœnliːx	as usual
Weg	veːk	path
Während	veːʀənt	as
während	veːʀənt	as
Nicht	nɪxt	not

149

22
THE COUNTRY OF THE

> "When people speak to us in another language and we understand what they say or we read something in another language and we understand the message, language acquisition will take place." – Stephen Krashen, expert in linguistics at University of Southern California

The **vier** travelers passed **durch** the rest **des** forest **in** safety, **und als** they **kamen** out from its gloom saw before them a steep hill, covered from top **zu** bottom **mit großen** pieces **von** rock.

"**Das** will be a <u>schwerer</u> climb," said the Scarecrow, "**aber** we must get over the hill, nevertheless."

Also he led the way **und** the others followed. They had nearly reached the **ersten** rock **als** they heard a rough **Stimme** cry out, "Keep back!"

"Who are you?" asked the Scarecrow.

Then a head showed itself over the rock **und** the **gleiche Stimme** said, "This hill belongs **uns, und** we don't allow anyone to cross it."

"**Aber** we must cross it," said the Scarecrow. "We're going **zum Land des** Quadlings."

"**Aber** you shall not!" replied **die Stimme, und** there stepped from behind the rock the strangest man the travelers had ever seen.

150

He **war** quite short **und** stout **und hatte** a **großen** head, **der war** flat **an** the top **und** supported **von einem** thick neck full **von** wrinkles. **Aber** he **hatte keine** arms **überhaupt, und**, seeing **dies**, the Scarecrow did not fear **dass** so helpless a creature **könnte** prevent them from climbing the hill. **Also** he said, "I am sorry **nicht** to do **wie** you wish, **aber** we must pass over your hill whether you like it **oder nicht**," **und** he walked boldly forward.

So quick **wie** lightning the man's head shot forward **und** his neck stretched out **bis** the top **des** head, **wo** it **war** flat, struck the Scarecrow **in der Mitte und** sent him tumbling, over **und** over, **runter** the hill. Almost **so** quickly **wie** it **kam** the head went back **zum** body, **und** the man laughed harshly **als** he said, "It isn't **so** easy **wie** you think!"

A chorus **von** boisterous **Lachen** came **von den** other rocks, **und** Dorothy saw hundreds **der** armless Hammer-Heads **auf** the hillside, one behind **jedem** rock.

The Lion became quite angry at the laughter caused **durch den** Scarecrow's mishap, **und** giving a loud roar **das** echoed like thunder, he dashed up the hill.

Again a head shot swiftly out, **und** the **große** Lion went rolling **runter** the hill **als ob** he had been struck **von** a cannon ball.

Dorothy ran **runter und** helped the Scarecrow **zu** his feet, **und** the Lion **kam** up **zu** her, feeling rather bruised **und** sore, **und** said, "It is useless to fight people **mit** shooting heads; **niemand** can withstand them."

"What can we do, then?" she asked.

"Call the Winged Monkeys," suggested the Tin Woodman. "You have **noch** the right to command them **noch einmal**."

"Very well," she answered, **und** putting on **die** Golden Cap she uttered the magic words. The Monkeys **waren so** prompt **wie** ever, **und in wenigen** moments the entire band **stand** before her.

"What are your commands?" inquired the King **der** Monkeys, bowing low.

"Carry us over the hill **zum Land der** Quadlings," answered **das Mädchen**.

"It shall be done," said the King, **und auf einmal** the Winged Monkeys caught the **vier** travelers **und** Toto up **in** their arms **und** flew **weg mit ihnen. Als** they passed over the hill the Hammer-Heads yelled **mit** vexation, **und** shot their heads high **in** the air, **aber** they **konnten** not reach the Winged Monkeys, **die trugen** Dorothy **und** her comrades safely over the hill **und** set them **nieder in das** beautiful **Land der** Quadlings.

"**Dies** is the last time you can summon us," said the leader **zu** Dorothy; "**also** good-bye **und** good luck to you."

"Good-bye, **und** thank you very much," returned **das Mädchen**; **und** the Monkeys rose into the air **und waren außer** sight **in** a twinkling.

Das Land der Quadlings seemed rich **und** happy. There **waren** field **auf** field of ripening grain, **mit** well-paved roads running between, **und hübschen** rippling brooks **mit** strong bridges across them. The fences **und** houses **und** bridges **waren alle** painted bright **Rot**, **gerade als** they had been painted yellow **in dem Land der** Winkies **und** blue **in dem Land der** Munchkins. The Quadlings themselves, who **waren** short **und** fat **und sahen** chubby **und** good-natured, were dressed **alle in rot, die** showed bright against the **grüne Gras und** the yellowing grain.

The Monkeys had set them **runter** near a farmhouse, **und** the **vier** travelers walked up to it **und** knocked **an der Tür**. It **war** opened **von der** farmer's **Ehefrau, und als** Dorothy asked **nach** something to eat the woman gave them **allen** a good dinner, **mit drei** kinds **von** cake **und vier** kinds **von** cookies, **und** a bowl of milk **für** Toto.

"How far is it **zum** Castle **von** Glinda?" asked **das Kind**.

"It is not a **große** way," answered **die** farmer's **Ehefrau**. "Take the road **zum Süden und** you will soon reach it."

Thanking the good woman, they started afresh **und** walked **durch** the fields **und** across the **hübschen** bridges **bis** they saw before them a very beautiful Castle. Before the gates **waren drei junge** girls, dressed **in** handsome **roter** uniforms trimmed **mit** gold braid; **und als** Dorothy approached, one **von ihnen** said **zu** her:

"Why have you come **zum** South Country?"

"To **sehen** the Good Witch who rules here," she answered. "Will you take me **zu** her?"

"Let me have your name, **und** I will ask Glinda if she will receive you." They told who they **waren, und die Soldatin** went **in das** Castle. After **ein paar** moments she **kam** back to say **dass** Dorothy **und** the others **waren** to be admitted **auf einmal**.

weeve
Chapter 22

German	Pronunciation	English
schwerer	ʃvərɐ	hard
So	zoː	as
Lachen	laːxən	laughter
jedem	jeːdeːm	every
in wenigen	iːn vəniːçən	in a few
Rot	ʀoːt	red
roter	ʀoːtɐ	red
die Soldatin	diː sɔldaːtiːn	the girl soldier

23
GLINDA THE GOOD WITCH GRANTS DOROTHY'S WISH

"We improve our vocabulary when we get comprehensible input."
– Jeff McQuillan, senior researcher at Center for Educational Development, Inc.

Before they went to **sehen** Glinda, however, they **waren** taken **in ein Zimmer des** Castle, **wo** Dorothy washed her face **und** combed her hair, **und** the Lion shook the dust **aus** his mane, **und** the Scarecrow patted himself into his best shape, **und** the Woodman polished his tin **und** oiled his joints.

Als they **waren alle** quite presentable they followed the **Soldatin in einen großen Raum wo** the Witch Glinda sat **auf** a throne **aus** rubies.

She **war** both beautiful **und jung zu** their <u>**Augen**</u>. Her hair **war** a rich <u>**rot**</u> in color **und** fell **in** flowing ringlets over her shoulders. Her dress **war** pure white **aber** her **Augen** were blue, **und** they **sahen** kindly **auf** the **kleine Mädchen**.

"What can I do **für dich**, my <u>**Kind**</u>?" she asked.

Dorothy told the Witch <u>**ihre ganze Geschichte**</u>: how **der Zyklon** had brought her **zum** Land **von** Oz, how she had found her companions, **und von den** wonderful adventures they had met with.

"My greatest wish **jetzt**," she added, "is to get back **nach** Kansas, **denn** Aunt Em will surely think something dreadful has

154

happened **mir, und das** will make her put **auf** mourning; **und** unless the crops are better this year than they **waren** last, I am sure Uncle Henry can not afford it."

Glinda leaned forward **und** kissed the sweet, upturned face **des** loving **kleinen Mädchens**.

"Bless your dear **Herz**," she said, "I am sure I can tell you **von** a way to get back **nach** Kansas." Then she added, "**Aber**, if I do, you must give me the Golden Cap."

"Willingly!" exclaimed Dorothy; "indeed, it is **von keinem** use **für** me **jetzt, und wenn** you have it you can command the Winged Monkeys **drei** times."

"**Und** I think I shall need their service just **diese drei** times," answered Glinda, smiling.

Dorothy then gave her the Golden Cap, **und** the Witch said **zur** Scarecrow, "What will you do **wenn** Dorothy has **verlassen** us?"

"I will return **zur** Emerald City," he replied, "**denn** Oz has **gemacht** me its ruler **und** the people like me. The only thing **das** worries me is how to cross the hill **der** Hammer-Heads."

"**Mittels der** Golden Cap I shall command the Winged Monkeys to carry you **zu** the gates **der** Emerald City," said Glinda, "**denn es** would be a shame to deprive the people **von so** wonderful a ruler."

"Am I really wonderful?" asked the Scarecrow.

"You are unusual," replied Glinda.

Turning **zum** Tin Woodman, she asked, "What will become **aus dir wenn** Dorothy leaves **dieses Land**?"

He leaned **an** his axe **und** thought a moment. Then he said, "The Winkies **waren** very kind **zu** me, **und** wanted me to rule over them after the Wicked Witch died. I am fond of the Winkies, **und** if I **könnte** get back again **zum** Country **des Westens**, I should like nothing better than to rule over them forever."

"My second command **an die** Winged Monkeys," said Glinda "will be **dass** they carry you safely **zum Land der** Winkies. Your brain may not be **so** large to look at **wie solche der** Scarecrow, **aber** you are really brighter than he is — **wenn** you are well polished — **und** I am sure you will rule the Winkies wisely **und** well."

Then the Witch **sah** at the **großen**, shaggy Lion **und** asked, "**Wenn** Dorothy has returned **zu** her own home, what will become **aus dir**?"

"Over the hill **der** Hammer-Heads," he answered, "lies a grand old forest, **und all** the beasts **die leben** there have **gemacht** me their King. If I **könnte** only get back **zu** this forest, I would pass my life very happily there."

"My third command **an die** Winged Monkeys," said Glinda, "shall be to carry you **zu** your forest. Then, having used up the powers **der** Golden Cap, I shall give it **zum** King **der** Monkeys, **dass** he **und** his band may thereafter be free **für** evermore."

The Scarecrow **und** the Tin Woodman **und** the Lion **jetzt** thanked the Good Witch earnestly **für** her kindness; **und** Dorothy exclaimed:

"You are certainly **so** good **wie** you are beautiful! **Aber** you have not yet told me how to get back **nach** Kansas."

"Your Silver Shoes will carry you over the desert," replied Glinda. "If you had known their power you could have gone back **zu** your Aunt Em **am allerersten Tag** you **kamst** to **diesem Land**."

"**Aber** then I should not have had my wonderful brains!" cried the Scarecrow. "I might have passed my whole life **im** farmer's cornfield."

"**Und** I should not have had my lovely **Herz**," said the Tin Woodman. "I might have stood and rusted **im** the forest **bis** the end **der Welt**."

"**Und** I should have lived a coward forever," declared the Lion, "**und kein** beast **im gesamten** forest would have had a good word to say **zu** me."

"**Dies** is **alles** true," said Dorothy, "**und** I am glad I **war von** use **zu** these good friends. **Aber jetzt wo** each **von ihnen** has had what he most desired, **und** each is happy in having a kingdom to rule besides, I think I should like to **gehen** back **nach** Kansas."

"The Silver Shoes," said the Good Witch, "have wonderful powers. **Und** one **der** most curious things about them is **dass** they can carry you **zu jedem** place **auf der Welt in drei** steps, **und** each step will **gemacht sein in** the wink **eines** eye. **Alles** you have to do is to knock the heels together **drei** times **und** command the shoes to carry you wherever you wish to **gehen**."

"If **das** is **so**," said **das Kind** joyfully, "I will ask them to carry me back **nach** Kansas **auf einmal**."

She threw her arms **um den** Lion's neck **und** kissed him, patting his **großen** head tenderly. Then she kissed the Tin Woodman, who was weeping **auf eine Weise** most dangerous **zu** his joints. **Aber** she hugged the soft, stuffed body **der** Scarecrow **in** her arms **statt** kissing his painted face, **und** found she was crying herself at this sorrowful parting **von ihren** loving comrades.

Glinda the Good stepped **runter** from her ruby throne to give the **kleinen Mädchen** a good-bye kiss, **und** Dorothy thanked her **für all** the kindness she had shown **zu** her friends **und** herself.

Dorothy **jetzt** took Toto up solemnly **in ihre Arme**, **und** having said one last good-bye she clapped the heels **ihrer** shoes together **drei** times, saying:

"Take me home **zu** Aunt Em!"

Instantly she was whirling **durch** the air, **so** swiftly **dass** all she **konnte sehen oder** feel was <u>**der Wind**</u> whistling past her **Ohren**.

The Silver Shoes took **nur drei** steps, **und** then she stopped **so** suddenly **dass** she rolled over **auf das Gras** several times before she knew **wo** she **war**.

Schließlich, however, she sat up **und sah** about her.

"Good gracious!" she cried.

Denn she was sitting **auf der breiten** Kansas <u>**Prärie**</u>, **und** just before her **war** the new farmhouse Uncle Henry built after **der Zyklon hatte getragen weg** the old one. Uncle Henry was milking the cows **in** the barnyard, **und** Toto had jumped **aus** her arms **und** was running toward the barn, barking furiously.

Dorothy **stand** up **und** found she **war in** her stocking-feet. **Denn die** Silver Shoes had fallen off **in** her flight **durch** the air, **und waren** lost forever **in** the desert.

weeve
Chapter 23

German	Pronunciation	English
Augen	augən	eyes
rot	ʀoːt	red
Kind	kɪnt	child
ihre ganze Geschichte	iːʀeː gantseː geːʃɪxtə	all her stroy
kleinen Mädchens	klainən mæːtxəns	little girl
für	fyːʀ	to
verlassen	fəʀlasən	left
Mittels der	mɪtɛls dɐ	by means of the
wie solche	viː sɔlxə	as those
der Wind	dəʀ vɪnt	the wind
Prärie	pʀæːʀiːə	prairie

24
HOME AGAIN

"To learn a language is to have one more window from which to look at the world." – Chinese Proverb

Aunt Em had just come **aus dem Haus** to water the cabbages **als** she **sah** up **und** saw Dorothy running toward her.

"My darling **Kind**!" she cried, folding the **kleine Mädchen in** her arms **und** covering her face **mit** kisses. "**Wo** in the **Welt** did you come from?"

"**Vom** Land **von** Oz," said Dorothy gravely. "**Und** here is Toto, **auch**. **Und** oh, Aunt Em! I am **so** glad to be **zu Hause** again!"

DAS ENDE...

Herzlichen Glückwunsch on completing your weeve! We hoped you enjoyed the process and you feel like you have **viel gelernt.** Remember that **Sprachenlernen** is a long journey. Keep on reading your weeves and you will be a German speaking Lion Man in **kürzester Zeit!** If you felt this **Buch** helped you **würden uns über** a review on Amazon, our website or goodreads **freuen.** It helps **mehr Menschen** like yourself find our weeves. **Vielen Dank** for your support!

- Evan, Cian and Oisin

weeve
Chapter 24

German	Pronunciation	English
in the Welt	iːn teː vɛlt	in the world

GLOSSARY

A

Aber// ɑːbɐ// but
All// al// all
alle // alə // all
allen // alən // all
aller // alɐ // of all the
alles // aleːs // all
Alles// aleːs// all
als // als // as
als // als // when
als erstes // als ərsteːs // first
als ob // als oːp // as if
Als// als// as
Als// als// when
also // alsoː // so
Also// alsoː// so
am // ɑːm // at
am // ɑːm // in
am Rande // ɑːm randə // on the edge
am Tag // ɑːm tɑːk // by day
an // ɑːn // at
an // ɑːn // in
an // ɑːn // on
an // ɑːn // to
an den Rand // ɑːn dən rant // to the edge
An// ɑːn// at
An// ɑːn// on
anders // andɐrs // else
Anfangs// anfaŋs// at first
ans Land // ans lant // to the land
anstelle des // anstɛːle deːs // instead of the
auch // aux // also
auch // aux // even
auch // aux // too
Auch// aux// even
auf // auf // at
auf // auf // in
auf // auf // of
auf // auf // on
auf // auf // upon
auf der Vorderseite // auf dɐr fɔrdɐrsaitə // at the front
auf die Bank // auf diː baŋk // upon the bank
auf dieser Welt // auf diːsɐr vɛlt // in this world
auf eine Weise // auf aineː vaisə // in a way
auf einen // auf ainən // on a
auf einmal // auf aimmɑːl // at once
auf irgendeine Weise // auf ɪrgəndaineː vaisə // in any way
auf jeden Fall // auf jeːdən fal // at any rate
auf mich // auf miːx // for me
auf welche // auf vɛlxə // in which
aufgrund // aufkrʊnt // on account of
Augen// augən// eyes all // al // all
aus // aus // of
aus allen // aus alən // from all
aus denen // aus dənən // from which
aus ihnen // aus iːnən // out of them
aus Versehen // aus fərseːən // by accident
aus welcher // aus vɛlxɐ // from which
außer // ausɐ // but
außer // ausɐ // except
außer Sicht // ausɐr sɪxt // out of sight

B

Bart// bart// beard
Baum// baum// tree
Baumes// baumeːs// tree
Bei// bai// at
beim // baim // upon
beliebige// beːliːbiːçə// any
Bett// bɛt// bed
bis // biːs // till
bis// biːs// until
Boden// boːdən// floor
Boden// boːdən// ground
bei // bai // at
breit// prait// broad
breite// praitə// broad
breiten// praitən// broad

D

Da// dɑː// as
dabei // dɑːbai // at that
Dach// dɑːx// roof
dafür// dɑːfyːr// for it
damit// dɑːmiːt// so
damit// dɑːmiːt// that
damit// dɑːmiːt// with it
danach// dɑːnɑːx// after that
daran// dɑːrɑːn// of that
darauf// dɑːrauf// on it
daraus// dɑːraus// of it
darin// dɑːriːn// in it
darüber// dɑːryːbɐ// of it
darum// dɑːruːm// for it
Das ist// dɑːs ɪst// that's
das Kind// dɑːs kɪnt// the child
das Land// dɑːs lant// the country
das Mädchen// dɑːs mæːtxən// the girl
Das// dɑːs// that
Das// dɑːs// this
das// dɑːs// which
dass// dɑːs// that
davon// dɑːfoːn// of it
Dazu// dɑːtsuː// at this
deiner// dainɐ// of your
den Bauern// dən bauərn// the farmer
den Tisch// dən tiːʃ// the table
den Weg// dən veːk// the path
den// dən// that
den// dən// the
denn es// dɛnn eːs// for it
Denn// dɛnn// for
Dennoch// dɛnnoːx// still
der Bauer// dɐr bauɐ// the farmer
der Freude// dɐr froːydə// of joy
der Gruppe// dɐr krʊpə// of the group
der Männer// dɐr mæːnɐ// of the men
der Mäuse// dɐr moːysə// of the mice
der Türöffnung// dɐr tyːrœfnʊŋk// the doorway
der vielen Jahre// dɐr fiːlən jɑːrə// the many years
der Wind// dɐr vɪnt// the wind
DER// dɐ// of

162

der// dɐ// that
der// dɐ// the
der// dɐ// which
des Ballons// de:s balɔns// of the balloon
des Baumes// de:s baume:s// of the tree
des Daches// de:s dɑ:xe:s// of the roof
des Hauses// de:s hause:s// of the house
des Landes// de:s lande:s// of the country
des Nordens// de:s nɔrdəns// of the north
des Ostens// de:s ɔstəns// of the east
des Wassers// de:s vasərs// of the water
des Westens// de:s vɛstəns// of the west
des Zyklons// de:s t͡syklɔns// of the cyclone
des// de:s// of
deshalb// de:shalp// that is why
die Nacht// di: naxt// the night
die Soldatin// di: sɔldɑ:ti:n// the girl soldier
die Tür// di: ty:ʀ// the door
die Wände// di: væ:ndə// the walls
die// di:ə// that
die// di:ə// the
die// di:ə// which
diejenigen// di:jəni:çən// those
Dies// di:s// this
diese// di:sə// those
dieses Land// di:se:s lant// this land
drei// tʀai// three
drin// tʀi:n// in
drum herum// tʀu:m həʀu:m// around it
Du siehst// du: sist// you see
Du weißt// du: vaist// you know
dunkel// dʊŋke:l// dark
Dunkelheit// dʊŋke:lhait// dark
dunkle// dʊŋklə// dark
dunklen// dʊŋklən// dark
durch die// dʊʀx di:ə// by the
durch// dʊʀx// by
durch// dʊʀx// through
durchall// dʊʀxal// by all

E

ebenso// e:bənso:// as well
ebensoviel// e:bənso:fi:l// as much
Ecke// ɛkə// corner
Ehefrau// e:ɛfʀau// wife
ein Land// ain lant// a country
ein Loch// ain lo:x// a hole
ein paar Momenten// ain pɑ:ʀ mo:məntən// a few moments
ein paar// ain pɑ:ʀ// a few
ein weiterer// ain vaitəʀɐ// another
ein weiteres// ain vaitəʀe:s// another
ein wenig// ain vəni:k// a bit of
ein// ain// in
eine große// aine: kʀo:sə// a great
eine Leiter// aine: laitɐ// a ladder
eine von ihnen// aine: fo:n i:nən// one of them
eine weitere// aine: vaitəʀɐ// another
einen weiteren// ainən vaitəʀən// another
eines Zyklon// aine:s t͡syklo:n// of a cyclone
eines// aine:s// of
Einmal// ainmɑ:l// once
eins der// ains dɐ// one of the
Einst// ainst// once
Ende der// ənde: dɐ// end of the
endlich// əntli:x// at last
erneut// əʀno:y:t// once more
erstaunt// əʀstaʊnt// in wonder
erste// əʀstə// first
ersten// əʀstən// first
eurer// o:y:ʀɐ// of your

F

Farbe// faʀbə// color
Feuerball// fo:y:əʀbal// ball of fire
finde// fində// find
finden// findən// find
Freude// fʀo:y:də// joy
Für andere// fy:ʀ andəʀə// to others
für dich// fy:ʀ di:x// for you
für einen Moment// fy:ʀ ainən mo:mənt// for a moment
für ihn// fy:ʀ i:n// for him
für sie// fy:ʀ si:ə// for them
für welchen// fy:ʀ vɛlxən// for which
Für// fy:ʀ// for
für// fy:ʀ// to

G

ganz// gant͡s// all
Geh' weiter// ge:' vaitɐ// go on
geh// ge:// go
gehe// ge:ə// go
gehen// ge:ən// go
gehst// gɛst// go
Geht// ge:t// go
gemacht// ge:maxt// made
genannt wurde// gənant vʊʀdə// was called
Genauso// gənauso:// all the same
genug// gənu:k// enough
gerade als// gəʀɑ:de: als// just as
gerufen// gəʀu:fən// called
geschaut// ge:ʃaut// looked
getragen werden// gɛtʀɑ:gən vəʀdən// be carried
getragen// gɛtʀɑ:gən// carried
gleiche// klaixə// same
gleichen// klaixən// same
Gras// kʀɑ:s// grass
graue// kʀauə// gray
grauen// kʀauən// gray
groß// kʀo:s// big
groß// kʀo:s// great
Großartig// kʀo:saʀti:k// great
Großartige// kʀo:saʀti:gə// great
Großartiger// kʀo:saʀti:gɐ// great

163

große// kʀoːsə// big
große// kʀoːsə// great
großen Baumstamms// kʀoːsən baʊmstams// big tree trunk
großen Raum// kʀoːsən ʀaʊm// big room
großen// kʀoːsən// big
großen// kʀoːsən// great
großer Baum// kʀoːsəʀ baʊm// great tree
großer// kʀoːsɐ// big
großer// kʀoːsɐ// great
großes// kʀoːseːs// big
großes// kʀoːseːs// great
grün// kʀyːn// green
grüne// kʀyːnə// green
grünen// kʀyːnən// green
grüner// kʀyːnɐ// green

H

hart// haʀt// hard
harte// haʀtə// hard
hätte// hæːtə// had
hatte// hatə// had
hatten gemacht// hatən geːmaxt// had made
hatten Glück// hatən klʏk// were lucky
hätten// hæːtən// had
hatten// hatən// had
hättest// hæːtɛst// had
haufenweise// haʊfənvaisə// in heaps
Haus// haus// house
herausfinden// həʀaʊsfindən// find out
herum// həʀuːm// around
Herz// həʀts// heart
Hiernach// hɪʀnɑːx// after this
Himmel// hɪmeːl// sky
hinein// hiːnain// in
hinein// hiːnain// in it
Hinterzimmer// hɪntəʀtsɪmɐ// back room
hübsch// hʏbʃ// pretty
hübsche// hʏpʃə// pretty
hübschen// hʏpʃən// pretty
hübsches// hʏpʃeːs// pretty

I

ich verstehe// iːx fəʀsteːəl// i see
ihre ganze Geschichte// iːʀeː gantseː geːʃɪxtə// all her stroy
ihrer// iːʀɐ// of her
ihres Zimmers// iːʀeːs tsɪməʀs// of her room
ihres// iːʀeːs// of her
im Dunkeln// iːm dʊŋkɛln// in the dark
im Gegenzug// iːm geːgəntsuːk// in return
im Geringsten// iːm gəʀɪŋstən// in the least
im Himmel// iːm hɪmeːl// in the sky
im Land// iːm lant// in the land
im Norden// iːm nɔʀdən// in the north
im Osten// iːm ɔstən// in the east
im Westen// iːm vɛstən// in the west
im// iːm// in
immer noch// ɪmɐ noːx// still
immer weiter// ɪmɐ vaitɐ// on and on
in bester// iːn bestɐ// in the best of
In den// iːn dən// in the
In der Mitte// iːn dəʀ mɪtə// in the middle
in der Sonne// iːn dəʀ sonə// in the sun
in diesem Land// iːn diːseːm lant// in this land
in diesen// iːn diːsən// into this
in dir drin// iːn diːʀ tʀɪːn// inside of you
in einem Ballon// iːn aineːm baloːn// in a balloon
in einer Ecke// iːn ainəʀ ɛkə// in one corner
in einer Minute// iːn ainəʀ miːnuːtə// in a minute
in ihre Arme// iːn iːʀeː aʀmə// in her arms
in ihrem ganzen Leben// iːn iːʀeːm gantsən leːbən// in all her life
in ihren Armen// iːn iːʀən aʀmən// in her arms
in ihren Händen// iːn iːʀən hæːndən// in their hands
in ihren// iːn iːʀən// in her
in irgendeiner Weise// iːn ɪʀgəndainəʀ vaisə// in some way
in meiner// iːn mainɐ// in my
in mitten// iːn mɪtən// in the midst
in seiner// iːn sainɐ// in his
in Stücke// iːn stʏkə// to pieces
in the Welt// iːn teː vɛlt// in the world
in voller Länge// iːn fɔləʀ læːŋə// at full length
in wenigen// iːn vəniːçən// in a few
In// iːn// in
in// iːn// to
injeder// ɪnjeːdɐ// in any
inmitten// ɪnmɪtən// in the midst
ins Haus// ɪns haus// into the house
irgendeine// ɪʀgəndainə// any
irgendeinen// ɪʀgəndainən// any
irgendjemand// ɪʀgəntjeːmant// any
irgendwelche// ɪʀgəntvɛlxə// any
irgendwie// ɪʀgəntviːə// in some way

J

jede Nacht// jeːdeː naxt// every night
jede// jeːdə// every
jedem// jeːdeːm// any
jedem// jeːdeːm// every
jeder// jeːdɐ// any
jene// jənə// those
jetzt wo// jɛtst voː// now that
Jetzt// jɛtst// now
jung// jʊŋk// young
junge// juːŋə// young
junger// juːŋɐ// young

K

kam// kɑːm// came
kamen// kɑːmən// came
kamst// kamst// came
Kante// kantə// edge
Kein bisschen// kain bɪsxən// not a bit of it

kein Herz// kain hɐʀts// not a heart
kein// kain// no
Kein// kain// not
keine der// kaine: dɐ// none of the
keine// kainə// no
keinen// kainən// no
keiner von ihnen// kainɐʀ foːn iːnən// none of them
Kind// kɪnt// child
klein// klain// small
kleine Mann// klaine: man// a little man
kleine// klainə// little
kleine// klainə// small
kleinem Mädchen// klaine:m mæːtxən// little girl
kleinen Haus// klainən haus// small house
kleinen Mädchens// klainən mæːtxəns// little girl
kleinen// klainən// little
kleinen// klainən// small
kleiner// klainɐ// little
kleines// klaine:s// small
Kommt schon// kɔmt ʃoːn// come on
könnte// kœntə// could
konnte// kɔntə// could
könnten// kœntən// could
konnten// kɔntən// could
konntest// kɔntɛst// could
Küchenbodens// kyːxənboːdəns// kitchen floor

L

Lachen// lɑːxən// laughter
Land// lant// country
Land// lant// land
lang// laŋk// long
lange// lɑːŋə// long
langen// lɑːŋən// long
leben// leːbən// live
lebt// lɛbt// live
Leiter// laitɐ// ladder
linken// lɪŋkən// left
links// lɪŋks// left
Loch// loːx// hole

M

machte// maxtə// made
machten// maxtən// made
Mädchen// mæːtxən// girl
manchmal// manxmɑːl// at times
Masse// masə// mass
mein ganzes Leben// main gantseːs leːbən// all my life
meines Herzens// maineːs hɐʀtsəns// of my heart
meines// maineːs// of my
mit einem// miːt aineːm// with a
mit einer Hand// miːt ainɐʀ hant// with one hand
mit einer// miːt ainɐ// in a
mit euch// miːt ɔyːx// with you
mit ihm// miːt iːm// with him
mit ihr// miːt iːʀ// with her
mit meinem ganzen Herzen// miːt maineːm gantsən hɐʀtsən// with all my heart
mit mir// miːt miːʀ// with me
mit Rissen// miːt ʀɪsən// with cracks
mit seinen// miːt sainən// with his
mit viel// miːt fiːl// with a great deal of
mit// miːt// in
mit// miːt// of
Mit// miːt// with
mittags// mɪtags// at noon
Mittels der// mɪtɛls dɐ// by means of the
mittlerweile// mɪtlɐvailə// by this time
morgen früh// mɔʀgən fʀyː// tomorrow morning
Morgen// mɔʀgən// morning
musste// mʊstə// had to
mussten// mʊstən// had to

N

Na sicher// nɑː siːxɐ// of course
nach einer Weile// nɑːx ainɐʀ vailə// by and by
nach// nɑːx// for
nach// nɑːx// to
Nacheinander// nɑːxainandɐ// one by one
nachsehen// nakseːən// see
Nacht// naxt// night
nannte// nantə// called
natürlich// nɑːtyʀliːx// of course
nebenbei// neːbənbai// by the way
Nein// nain// no
nicht sein// nɪxt sain// not be
nicht// nɪxt// no
Nicht// nɪxt// not
nichts außer// nɪxts ausɐ// nothing but
nie// niːə// never
nieder// niːdɐ// down
niemand// niːmant// no one
niemandem// niːmandeːm// no one
Noch// noːx// nor
noch// noːx// still
nur// nuːʀ// but

O

oder// oːdɐ// or
Ohren// oːʀən// ears

P

Prärie// pʀæːʀiːə// prairie

R

Rand// ʀant// edge
raus aus diesem// ʀaus aus diːseːm// out of this
rechtzeitig// ʀɛxtsaitiːk// in time
reichlich Stühle// ʀaɪxliːx styːlə// plenty of chairs
reichlich// ʀaɪxliːx// plenty of
rein// ʀain// in
Rest der Welt// ʀɛst dɐʀ vɛlt// rest of the world
Rest von uns// ʀɛst foːn ʊns// rest of us
richtig// ʀɪxtiːk// all right
Richtungen// ʀɪxtuŋən// directions
rief// ʀiːf// called
riefen// ʀiːfən// called
Rot// ʀoːt// red
rotem// ʀoːteːm// red
roten// ʀoːtən// red
roter// ʀoːtɐ// red
runter// ʀʊntɐ// down

S

sah// zɑː// looked
sahen// zɑːən// looked

Schau// ʃau// see
Schaut// ʃaut// see
schaute// ʃautə// looked
schauten// ʃautən// looked
schließlich// ʃlɪsliːx// at last
Schrank// ʃʀaŋk// cupboard
schwer// ʃvɐ// hard
schwerer// ʃvəʀɐ// hard
seh'// zeːˈ// see
sehe// zeːə// see
sehen// zeːən// see
sehne mich// zeːneː miːx// long
sehr viel// zeːʀ fiːl// a great deal of
seht// zeːt// see
seines// zaineːs// of his
seit// zait// for
Seite// zaitə// side
Selbst wenn// zɛlbst vənn// even if
Selbstverständlich// zɛlbstfəʀstæːntliːx// of course
setz dich// zeːts diːx// sit down
siehst// zɪst// see
so dass// zoː das// so that
so gut wie// zoː guːt viːə// as good as
so oft// zoː ɔft// so often
so viele wie// zoː fiːle viːə// as many as
So// zoː// as
So// zoː// so
Sobald// zoːbalt// as soon as
sofort// zoːfɔʀt// in an instant
sogar// zoːgɑːʀ// even
sondern// zɔndəʀn// but
Sonne// zɔnə// sun
stand// ʃtant// stood
standen// ʃtandən// stood
statt// ʃtat// instead of
staunend// ʃtaunənt// in wonder
still// ʃtɪl// still
Stimme// ʃtɪmə// voice
stundenlang// ʃtʊndənlaŋk// for hours

T

Tatsächlich// tatsæːxliːx// in fact
trotz// tʀoːts// in spite of
trotzdem// tʀɔtsdeːm// just the same
trug// tʀuːk// carried
trugen// tʀuːgən// carried
Tür// tyːʀ// door

U

über eine// yːbəʀ ainə// of a
über// yːbɐ// of
überall// yːbəral// everywhere
überrascht// yːbəʀʀaʃt// in surprise
um Hilfe// uːm hɪlfə// for help
um zu// uːm tsuː// to
um// uːm// around
um// uːm// at
und Südens// ʊnd syːdəns// and south
Und// ʊnt// and
unserer// ʊnsəʀɐ// of our
unten// ʊntən// down

V

verblüfft// fəʀplyft// in amazement
verging// fəʀgɪŋk// passed away
verlassen// fəʀlasən// left
verliebt// fəʀlɪbt// in love
verwundert// fəʀvʊndəʀt// in surprise
viele Meilen// fiːle mailən// many miles
Viele// fiːlə// many
vielen// fiːlən// many
vielen// fiːlən// plenty of
vielmals// filmals// many times
vier// fiːʀ// four
voller// fɔlɐ// full of
vom// foːm// from the
von dem// foːn deːm// of the
von dir// foːn diːʀ// of you
von jeder// foːn jeːdɐ// of all
von keinem// foːn kaineːm// of no
von Seite// foːn saitə// from side
von// foːn// by
von// foːn// of
Vor ihnen// foːʀ iːnən// in front of them
vor// foːʀ// of

W

Während// vɛːʀənt// as
Wände// vændə// walls
Wänden// vændən// walls
Wangen// vɑːŋən// cheeks
wann immer// van ɪmɐ// whenever
Wann// van// when
war nicht// vɑːʀ nɪxt// was not
war// vɑːʀ// was
war// vɑːʀ// were
wäre// væːʀə// was
wäre// væːʀə// were
waren gemacht worden// vɑːʀən geːmaxt vɔʀdən// had been made
waren// vɑːʀən// was
waren// vɑːʀən// were
warst// vaʀst// were
was das angeht// vɑːs das ɑːŋeːt// as for that
was// vɑːs// that
was// vɑːs// which
Watteknäuel// vatɛknoːyːeːl// ball of cotton
weg// veːk// away
Weg// veːk// path
wegen// veːgən// because of
weil der// vail dɐ// as the
weiß// vais// know
weiter// vaitɐ// on
Welche// vɛlxə// which
welchem// vɛlxeːm// which
welchen// vɛlxən// which
welches// vɛlxeːs// which
wenig// vəniːk// little
Wenn// vənn// when
wie gewöhnlich// viː geːvœnliːx// as usual
wie jedes// viː jeːdeːs// as any
wie solche// viː sɔlxə// as those
Wie// viːə// as
wissen// vɪsən// know
Wo// voː// where
Woher// voːɐ// where
wurde// vʊʀdə// was
wurde// vʊʀdə// were

166

wurden// vʊʀdən// were
Z
Zimmer// t͡sɪmɐ// room
Zimmers// t͡sɪmərs// room
zu denjenigen// t͡su: dənjəni:çən// to those
zu der Zeit// t͡su: dəʀ t͡sait// at that time
zu diesem Zeitpunkt// t͡su: di:se:m t͡saɪtpʊŋkt// at that moment
zu einem Haus// t͡su: aine:m haus// to a house
zu Hause// t͡su: hausə// at home
zu// t͡su:// at
zu// t͡su:// to
zu// t͡su:// too
zuerst// t͡su:əʀst// first
zum Haus// t͡su:m haus// to the house
zum Süden// t͡su:m sy:dən// to the south
zum Verkauf// t͡su:m fəʀkauf// for
zum// t͡su:m// for
zum// t͡su:m// to
zur Tür// t͡su:ʀ ty:ʀ// to the door
zurückgehen// t͡su:ʀykge:ən// go back
zwei von ihnen// t͡svai fo:n i:nən// two of them
Zyklon// t͡sʏklo:n// cyclone

Acknowledgments

Books, as much as we may want them to, do not materialise out of thin air. There is a great deal of work that goes into each Weeve, from idea to print. We would like to offer our most sincere thanks to every single individual who helped get this book into your hands, the people who support the team, the test-readers who ensure the content you receive is of the highest quality, the designers who make sure your Weeve looks its best, and to our support staff who add the finishing touches, ensuring a crafted learning experience, from start to finish.

The most important person we'd like to thank, however, is you, our reader. Without you, and your passionate commitment to taking the plunge into learning a brand new language, there would be no book to read. We're fueled by people like you, people who are willing and able to try new things, people who look at the way languages are learned at school and think 'There must be a better way', and people who want to expand their skills and their knowledge while reading some of the finest literature this world has to offer. We feel the same, and we're happy to have you.

The end of this book does not mean the end of your language learning journey, however. Weeve regularly publishes content, with new Weeves coming out all the time, as well as other language resources.

To make the most of everything Weeve has to offer be sure to keep an eye on our website and social media!

Thank you again, and remember to keep on learning!

The Weeve Team

www.weeve.ie
Instagram: @WeeveLanguages
Twitter: @WeeveLanguages
TikTok: WeeveLanguages
LinkedIn: WeeveLanguages

You've finished your Weeve...
What's next?

Try The Weeve Reader Now at

WWW.WEEVE.IE

Upload books of your choice

Dynamically adjust translation difficulty

Real-time pronunciations

169

BVRSH - #0015 - 241123 - C0 - 203/127/10 - PB - 9781915160416 - Matt Lamination